吴琼 —— 著

孩子一学就会的黄金口才课

北京理工大学出版社
BEIJING INSTITUTE OF TECHNOLOGY PRESS

图书在版编目（CIP）数据

孩子一学就会的黄金口才课 / 吴琼著 . —北京 : 北京理工大学出版社 , 2020.8
（2021.1重印）

ISBN 978-7-5682-8742-5

Ⅰ . ①孩… Ⅱ . ①吴… Ⅲ . ①口才学－青少年读物 Ⅳ . ① H019-49

中国版本图书馆 CIP 数据核字 (2020) 第 128102 号

出版发行 / 北京理工大学出版社有限责任公司
社　　址 / 北京市海淀区中关村南大街 5 号
邮　　编 / 100081
电　　话 /（010）68914775（总编室）
　　　　　（010）82562903（教材售后服务热线）
　　　　　（010）68948351（其他图书服务热线）
网　　址 / http: //www. bitpress. com. cn
经　　销 / 全国各地新华书店
印　　刷 / 三河市华骏印务包装有限公司
开　　本 / 880 毫米 × 1230 毫米　1/32
印　　张 / 9.25　　　　　　　　　　　　　　责任编辑 / 李慧智
字　　数 / 195 千字　　　　　　　　　　　　文案编辑 / 李慧智
版　　次 / 2020 年 8 月第 1 版　2021 年 1 月第 3 次印刷　责任校对 / 刘亚男
定　　价 / 48.00 元　　　　　　　　　　　　责任印制 / 施胜娟

▶ 对一个孩子挑剔、贬低和打击，他就会失去信心，变得懦弱，在人群中只想躲藏在安全地方。给一个孩子勇气、信任和舞台，他就会充满自信、才华和果敢，在人生舞台上光芒四射。希望你的孩子散发光芒，看看《孩子一学就会的黄金口才课》。

——秋叶　秋叶商学院、秋叶 PPT 创始人

▶ 培训孩子的好口才之所以很难，是因为这个能力需要其他能力的赋能才能实现，单纯练习只能实现单次的演讲。吴老师从日常生活中的其他能力入手，把权威理论和真实案例相结合，引导孩子练习基础技能，通过阅读、词汇积累、情绪控制、逻辑、肢体语言等基础能力的提升，培养孩子表达力。

——鼹鼠的土豆

▶ 吴琼是一个花了心思研究如何让小朋友爱上演讲的妈妈。在这本书中，作者把她教妈妈们如何培养小朋友表达能力的经验和心得都分享了出来，相信对关注这个主题的妈妈会有启发。

——成甲　《好好学习》《好好思考》作者

▶ 从某种意义上说，一个人的人生高度和影响力的高度是由他的表达能力决定的。与其说它是一种所谓的表达技能，更不如说它是一项征服人生的硬核能力。吴琼老师的新书给了我们焕然一新的观点，关于如何培养孩子的好口才相信你一定会有所收获。

——小七老师　儿童早期教育专家

▶ 还记得那些影响世界的公众演讲吗？马丁·路德·金《我有一个梦想》虽已百年，但极具感染力的语言，依然叩击我们的心灵，让人无法遗忘。

马云说，今天很残酷，明天很残酷，后天很美好，让我们感受生命不息，努力奔跑。罗永浩说，我不是为了输赢，我就是认真，让我们看到一个中年人的顽强。《孩子一学就会的黄金口才课》不仅仅是教会孩子演讲，更是让他们学会在这个世界，轰轰烈烈，张扬鲜艳地活着。

——Liliane 邹璐 《亲子沟通密码》作者

高情商沟通专家、海外华商会副会长

▶ 毋庸置疑，越来越多的父母意识到培养孩子表达能力非常重要！吴琼老师这本书介绍了非常实用、可操作的孩子口才表达能力的培养方法、训练技巧，以及如何塑造孩子独特的演说风格，这些内容在吴琼老师生动细腻、功力深厚的文字下，让我们父母觉得培养孩子演说力不再是一个难题，相反，却蕴含了极大的乐趣！

——何小英 儿童时间管理专家 亲子畅销书作者

"清华状元好习惯"创始人

▶ 具备演说力的孩子，未来更有竞争力。吴琼老师的这本书，从常见的生活场景着手，写了很多可操作的实用方法、技巧，家长引导孩子好操作、易做到。如果想让孩子在演说方面更有竞争力，吴琼老师的这本书就是不二的选择。

——魏华 儿童学习力专家 亲子畅销书作者

"清华状元好习惯"创始人

▶ 儿子上小学后，很喜欢跟我分享他新学到的知识。他讲得眉飞色舞，眼睛里仿佛有星星在闪烁。每个孩子都是天生的演说家，第一批观众就是父母。我们如何成为更好的观众，用信任与爱为孩子搭建起最闪亮的舞台？吴琼老师这本书会告诉你答案。

——张小桃 《你是孩子的光》作者

接到吴琼电话，希望我帮她的新书写序，我诚惶诚恐，因为我明白一篇序对于书的意义有多么重要。

辗转反侧，几次提笔都不知怎么开始，因为她和我之间的故事，实在是太多了。

我常常跟学生说，在演讲的时候，能把一件事讲清楚，让大家通过一件事去了解一个人，就很了不起了。

我问自己，如果只讲一件事，我会讲哪一件？

脑海里一幕幕像看电影一样看着我们的过往，看到 2018 年 12 月的时候，我按下了暂停键……

当时福建泉州机场杂志要派记者给我做一期专题报道，并且给了我 4 页的黄金版面。要知道这 4 页如果是花钱去打广告的话，都是要十几万的。

我突然冒出一个念头，如果能让身边的好友，为我写一篇报道，这样我既上了杂志，同时好友的作品也能一起曝光。

我觉得这是一个机会，能多成就一个人。

就在这个时候，我脑海里闪过了一个名字——吴琼。

她立志想成为青年作家，也想成为好的讲师。不管是作家还是讲师，都需要一些好的曝光机会来为自己的事业添砖加瓦。

我跟机场领导表示，可否让我朋友来出一篇专访文。领导面露难色，他觉得要放在杂志上的文章，是非常严格，并且要写得非常出彩的，让别人写，多少有点不放心。

结果，我仗着跟领导有多年的交情，对他"胡搅蛮缠"……最后才勉强同意先让我提供一稿，然后再做定夺。

吴琼很用心写完了我的专访，领导看完后大呼："写得真好，比我们的记者都要好。"

1

虽说领导的认可，我早就能预见，但是真正听他说出表扬的那一刻，我内心还是非常爽的，因为感觉自己推荐的人，不仅没给自己掉链子，反而给自己长脸。

最后，这篇稿子顺利登上了杂志，当期杂志印了6万册，被分发到各大航空公司的航班上以及五星级酒店和政府单位。

时光匆匆，一晃两年过去了，这件事回味起来依旧觉得当时自己的决定无比正确，而让这个决定变得正确的核心因素就是吴琼的文笔。

生活中，她喊我一声老师，我深知那是她谦逊的表现。站在我的角度，我更愿意以朋友的身份与她相处，并且从她身上学习那份认真写作的态度。

不管是朋友，还是师生，看到她这两年的沉淀，我都为她感到由衷的高兴。

两年前，是我一对一给领导推荐，最后写的稿子非常成功。两年后的今天，吴琼终于要出书了。

我来写序，其实客观来讲，就是给广大读者的一次公众推荐。这次，我不需要对大家胡搅蛮缠，让大家一定要去买书。因为我已经能预见，大家一定会去买来看，并且看完后，也会像当年那位领导一样，由衷地说一句：写得真好……

> 许晋杭
>
> 2020年5月3日星期日
>
> 福建晋江

我曾经看过一堂早教课上的一个片段，心有余悸。

孩子 4 岁的早教课上，十几个孩子围成一个圈，老师让每个孩子走到圈子中间，回答一个问题："你们都喜欢什么样的蛋糕？"

孩子 A 在圈子中间告诉大家："草莓味道的。"

孩子 B："我也是草莓味道的。"

孩子 C："草莓味。"

几乎每个孩子都一样，都是喜欢草莓味的。哲学家罗素曾经说过："许多人宁死也不愿意思考。"爱模仿是孩子的行为特征，可是答案全部都惊人的相似，这真的是我们想要的教育吗？

所有的外在都是我们内心的映射，语言是思维的表达。孩子的语言像是一面镜子，照见了我们的教育方式：我们是否有意识地培养孩子独立思考的习惯？是否有意识培养过孩子公众演说的能力？

你可能会觉得，等孩子长大了再培养他的演说力，又或者觉得培养孩子的演说力用处不大，孩子没有太多机会表现自己。

我们先来说说为什么要从小培养孩子的演说力。3 岁到 13 岁这个时间段特别宝贵，因为只有这段时间父母对孩子的心智成长能发挥最大的影响力，这个阶段也是孩子语言发展的黄金时期。

在这个阶段中，在我们提供有爱的安全环境里，有意识地培养孩子的演说力，孩子会自发地针对性学习，更有逻辑和创意性地表达观点，也能慢慢找到自己想成为的样子。

你可能认为孩子的演说环境少，但其实只要有 3 个人在场，孩子的每一次表达都是一次小的演说。当你在看得见的家庭环境中培养孩子的演说力，孩子就会在你不经常看见的学校环境、同伴环境中因为会演说表达，而更受欢迎。

更重要的是，5G 时代的来临，孩子将有更多的机会走到更多人面

1

前表达自己的观点。

如何让孩子的演说有自己观点？如何提升孩子的演说力？我做亲子教育讲师已经有 13 年之久，这些年和家长们一起成长、分享、学习，也如饥似渴地阅读和实践，一次在读《一岁就上常青藤》时发现书中这样一句话，让我印象深刻："孩子今后在学校的表现，并不取决于早期的阅读能力，而取决于其词汇量的多少和丰富性。"

我不断地去反问自己，究竟如何提高孩子的词汇量水平呢？如何在敏感期内给孩子丰富的语言体验呢？再深一层次说，语言只是表象，思维方式才是主导，如何让孩子能够独立思考？独立思考后又该如何表达让别人理解？这一连串的问题在我脑海中不停地盘旋回绕，让我对孩子演说力有了更多的探索。

随着我围绕口才表达与演说能力在语言敏感期方面的研究不断深入，脑海里的谜团一个个被解开，同时也让儿子 Mike 从 3 岁多开始演说打卡，从很小开始培养他的演说力。从小培养孩子的演说力，不仅我们会省心省力，孩子更会受益终身。

这些感受和体验也成了我写这本书的初衷之一。是什么曾经拯救过你，你最好就用它来更好地拯救这个世界。在探索孩子"演说力"的过程中，我发现自己过去遇到的问题，到今天有很多家长还在不断经历着，所以我希望把关于孩子演说力方面的内容系统梳理出来，这些认知可能会有偏差，但是我相信，对大家提升孩子的演说力还是会有启发的。

这本书有什么特点？

本书分三大部分：

第一部分是战略篇，我们将以终为始地看待孩子受用一生的演说习惯，找到引爆孩子演说内驱力的方法，不断发掘孩子的演说潜能。

第二部分是战术篇，我们会找到孩子演说力的天赋，从孩子的性格和语言发展的黄金期、家庭环境着手引导孩子有计划地实践演说力的训练，还会介绍我们该如何培养孩子演说的技巧和逻辑。

第三部分则是综合战术，即如何通过多种方式引导孩子积极在学习和生活中实践演说，包括培养孩子演说力的信念感。我也会介绍如何通过谈话培养孩子独立思考的能力。

如何"用"这本书？

这本书不仅是用来看的，重点是需要"用"的，而且越用越好用。演说力的培养并不是技能的堆叠，而是思维方式的转变。这种转变，可能你会在刚运用的时候感觉有些别扭，甚至觉得讲出来的话好像不是自己说的一样，浑身不自然，这种感觉恰恰是对的，这是培养过程必经的"僵化"阶段。

不用担心，我们都会经历这样的阶段。随着不断的使用，你会感受到"优化"阶段的美妙，也会被孩子不经意的语言触动到，被孩子与众不同的观点震撼到，这一切都是你引导着孩子不断运用时体验到的成就感。

当这种学习的乐趣不断刺激你的时候，你就会常常有意识地引导孩子去实践，最后当好的演说习惯已经是你和孩子潜意识的一部分，这就是学习中最美好的"固化"阶段，不需要刻意地去想，而是已经成为我们语言习惯的一部分，这就是从有意识到无意识的蜕变。

按顺序阅读，边读边练

1. 先理解孩子，才能赢得孩子

我们总希望孩子听我们的，按照演说力计划去实践，可是怎么做呢？简·尼尔森在《正面管教》中说："当孩子觉得你理解他们的观点时他们就会受到鼓励，一旦他们觉得被理解了，就更愿意听取你的观点，并努力找出解决问题的方法。"

所以这句话的正解，就是你想让孩子先听你的，你先得理解他。当孩子有挫败感、演说力的实践坚持不下去的时候，不着急，我们等等孩子，也等等自己。

遇到问题的时候，希望你再来翻一翻这本书，去有意识地运用，去反思。

2. 先小步前进，再融会贯通

以前我们认为学习是通过系统的训练来完成，如通过阅读、参加课程和培训，让自己变得更有力量。但你只要真正理解为什么要培养孩子演说力，就可以根据自己的实际情况来运用这本书的 28 个演说力实操工具，在家里，在放学后，在聚会中，小步来践行，运用就变成一个生长和创造的过程。

孩子演说能力的培养不再是一个个孤立的点，而是彼此联系，相互交融，在一次次运用后，产生新的启发和认知。

按能力培养方式阅读

1. 冲突是另一种学习时机

从孩子语言敏感期的发展开始，在最好的时期做最适合的事情。

孩子进入叛逆期让你疲惫不堪，但其实这时正是培养孩子自我意识、建立自信的最佳时期，也是孩子在自由和规则中探索的启蒙时期。

孩子容易退缩，你又想孩子坚持实践演说力的运用，可能一忍再忍最终控制不住自己吼一顿，但其实愤怒是最好的学习动力，孩子只有体会过难受、委屈、不安、害怕这些负面情绪，才能有同理别人的感受和需求的心。

2. 他山之石，可以攻玉

我们的文化当中很多都是强调多输入，多阅读，多吸收，但是在西方文化中，强调的是多输出，多表达。书中借鉴了多元领域的视角，比如阅读、社交、认知等领域去滋养孩子演说力的内核。如何培养孩子的演说力？"未来多角度，答案在风中"。

当然，本书也有局限。虽然我在亲子教育中做了13年时间，但是真正研究孩子演说力的时间是3年。3年的时间我对演说力的研究，也是从自己的角度有一些粗浅的理解，可能会有一些偏差，也希望广大读者在阅读中不吝赐教。

这本书也历经波折，前后间隔近3年时间完成，正是这些努力和付出，让我看到写书背后真正的价值：努力写一本好书，让它能够真正地给读者理念、方法和力量。如果你能受益，请让我知道，因为这是我最大的成就。

目 录 contents

第二章

现在，发现孩子的演说天赋

第三章

如何营造孩子的演说环境

第六章

培养孩子的演说风格

第一章

演说力，为孩子的一生赋能

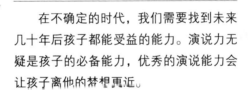

在不确定的时代，我们需要找到未来几十年后孩子都能受益的能力。演说力无疑是孩子的必备能力，优秀的演说能力会让孩子离他的梦想更近。

好的演说力，是孩子未来的通关门票

> 一个人可以面对多少人，就代表这个人的人生成就有多大。也就是说你能够跟多少人达成共鸣，你的领导力就有多大，你的边界就有多大。
>
> ——英国首相丘吉尔

"妈妈，假如你有三天光明，我会带你在新家里走一走，让你看看我们的新房子。空荡荡的房子中只摆了几件家具，因为爸爸不想让你走路绊倒。我还会让你仔细看看我的样子，还会把你带到我的同学面前，让他们看一看，我有一个最美丽的妈妈。

"第二天我会带着你一起回到我们的老家山东，一起去那个我们充满回忆的家乡，看看那座曾经承载着欢声笑语的院子。即使它现在已经布满灰尘，但是里头有许多姥爷留下的回忆。说到姥爷，他最牵挂的就是你，别担心，我还会带你去姥爷的坟前看一看。姥爷临走的时候最惦记的就是你的眼睛，如果他知道你的眼睛好了，一定会为你高兴的。

"第三天我会带你去任何你想去的地方，我们会一起去马尔代

夫钓鱼，去哈尔滨滑雪，去巴黎时装周看表演，妈妈我爱你。"

一个12岁的男孩站在舞台上，对着他妈妈说出了这段话，妈妈的眼睛虽然看不见，但是孩子的每一句话都像是走进了妈妈的心里，妈妈哭了，在场的评委眼睛也湿润了。孩子质朴又真诚的语言，赢得了全场的掌声。我们一边会觉得孩子很孝顺，演说能力也很强，一边感叹如果自己家的孩子演说力也能这样就好了。

其实，每一个孩子都是天生的演说家。生活里处处都是演说，小到上课回答问题、与同学表达不同的意见，大到参加中小学生面试、竞选班干部，全天候全场景的表达需求，让演说力成为孩子未来的通关门票。

① 每一个孩子都是天生的演说家

我们不难发现，每一个孩子都是天生的演说家，他们的语言常常会让你震惊。

知乎上的一个网友说侄女不知为什么在哭，懒得理她，就坐在一边玩手机。网友他妈妈走过来说："孩子哭听不到吗？聊得这么欢，是不是谈对象了？"小侄女说："奶奶，叔叔没有谈对象。"他妈妈说道："小孩子懂什么？你怎么知道叔叔没有谈对象？"小侄女说："看到女孩子哭都不知道哄，不会有对象的。"孩子融会贯通的表达真让我们叫绝。

有个6岁的男孩，爷爷前段时间去世了，家里人很伤心，他年纪小不懂这是怎么一回事儿。事情过了几天，傍晚家人带他出去散步，天空微微亮，刚有几颗星星，他突然指着一颗特别亮的星星说："你看，那颗星星是爷爷。"哲学一般的语言，让我们惊叹孩子的世界就是座正待开发的宝藏。

4岁的小女孩，有一次爸爸批评她，她伤心地说："要是爸爸不喜欢我了，我就不喜欢爸爸了。要是妈妈不喜欢我了，我就也不喜欢我了，因为妈妈不喜欢我了。"这像绕口令一般的话，简直就是对妈妈说的情诗。

孩子的童言童语，让我们感觉他们有时像老师一样智慧，有时像哲学家一样深邃。每个孩子都有着新鲜、充满活力的大脑，即使最普通的事情也能引起他们巨大的兴趣，他们的世界里总有引人注目的事情在发生，好像不停地在观察和实验，也无时无刻不在表达他们的欢乐。

这样的语言在生活中比比皆是，可是让我们愁的是，为什么孩子在家是"话痨"，出门就害羞了呢？

很多妈妈在上过我的家长课后，跟我说孩子上课不敢举手发言，也不敢参加班级竞选；在家又唱又跳，学校有演出却从来不敢上台表演。

其实就是孩子的演说能力我们没重视，孩子没刻意练习的原因。

演说力无疑是孩子的必备能力，真正会表达的孩子，一开口就赢了。TED的掌门人克里斯·安德森曾说过："无论今天公众演讲有多么重要，未来只会更加重要。"因为在未来，不管孩子从事什么职业，都需要他具备在公众场合独立地表达观点的能力。

如果孩子是领导者，因为不会演说，会错过多少高质量的人脉，浪费多少资源？如果孩子是企业家，因为不会演说，会流失多少投资到公司的资本？如果孩子是职场精英，因为不会演说，会流失多少客户，失去多少次成交机会？

为什么从小就应该培养孩子好的演说力？因为演说力会影响孩子一生，学业、事业和家庭都会受影响。培养演说力，就像别人的孩子都在走路，你家孩子坐上了高铁，人生品质会大相径庭。

沃伦·巴菲特（Warren Buffett）指出："学会演说，是一项可以持续使用五六十年的资产。"持续培养孩子的演说力，是我们对孩子最重要的投资。演说力不是一蹴而就的能力，需要我们从小培养孩子扎实的演说基础，让演说力成为孩子未来的通关门票。

有的家长也许会说，我的确在培养孩子的演说力，可是孩子要么不敢当众发言，要么别人说什么他说什么，没有自己的想法，怎么办呢？

别着急，我们先梳理一下自己的培养方式，看看下面这些坑你有没有踩。

② 培养演说力，这些坑你踩了吗

坑一：强调吸收，轻视输出。

长期以来，我们的教育方式多为灌输式教学，侧重基础知识和基本技能的训练，最简单粗暴的就是背、背、背。上课的时候大多数老师自己在台上讲，孩子们在底下听。孩子如果要提出问题，也要等到课后找老师私下提问。如果当堂提问，孩子会被认为打断教学进度和节奏，老师甚至觉得孩子很没礼貌。可一到下课，孩子总想放松一下，哪里还记得曾经的问题。

长此以往，孩子习惯去听别人的观点，记笔记去吸收，很难找到合适的语言来准确表达自己。更重要的是，孩子未来会人云亦云，很少有自己的想法，也很难捍卫自己的思想。他们从小习惯听，不习惯说，长大了他们也不敢说。

"无论怎么鼓励，他们就是不说话。"哥伦比亚大学教育学教授林晓东，曾采访美国顶尖大学的35位教授，几乎所有教授对中国学生的印象，都是这么一句话。

坑二：强调听妈妈的话，忽视孩子自己的想法。

心理学家罗杰斯曾说：爱是深深的理解和接纳。我们都说爱孩子，可是实际做到这一点，太不容易了。一旦孩子有攻击力或者和你意见不一致时，你会有挫败感，想办法让他听话。所以就导致了在孩子听话的时候积极表扬，在孩子不听话的时候去打击批评。

"不"，真的是最美的内在语言了，因为它代表着自我意志，代表着内心最真实的自己。当一个孩子说出这个字的时候，就相当于和我们之间划了一道界限，告诉我们，我"不"想按照你的意愿来，在我自己的事情上，我想自己说了算。

比起头脑来，身体更靠近我们的灵魂，头脑可以被灌输，或者被蒙骗，但身体很难不忠于自己。如果我们让孩子只一味背故事、背台词，当他真正当众表达的时候就特别容易紧张，也不愿意上台。孩子会在头脑层面去接受灌输，在身体层面说"不"。

有一部电影，讲一个美国舞蹈学院的女孩，即将参加毕业演出，而这将决定她未来的去向。她从9岁起就听妈妈的话，按照妈妈的意志去跳舞。这个女孩一直按照妈妈的意志而活，但真到了要比赛时，她发现自己的身体并不愿意上台，于是在毕业演出前，本来被定为女主角的她主动退出了比赛。在妈妈质问她时，女孩说："妈妈，你没有跳舞的腿，而我没有跳舞的心。"

听到孩子这样的回答，我们也不断地反省自己，有多少次是听孩子自己的想法呢？心理学家武志红曾说："每个生命都想成为自己，当不能用成长的方式时，就干脆使用毁灭的方式来表达这份意志。"所以孩子担心、没自信，也不愿意在公众场合表达自己的观点。

我们希望孩子听话，却很少对他们说：做你自己。一个头脑里都是父母声音的孩子，很难有自己的想法，更别提在身体层面去表达。

这些坑，我们随时都可能掉进去。但如果你能爬出来，就是填平了这些坑。罗振宇曾说："把和我们主观世界不一致的东西，放到自己的身体里自我破碎，然后重建自我。这个过程就叫成长。"

只有我们不断学习、自我成长，才能助力孩子演说力的培养。这些学习和智慧，无法仅仅通过自己的经验积累完成——孩子3岁时你没有重视培养演说力，到他6岁时，你不会自动变成能培养优秀演说力的妈妈。孩子4岁时，你是个焦虑的妈妈，到他10岁时，你只能是个更焦虑的妈妈。

不好的东西，如果不去改变，只会随着经验的积累愈加不好，好的东西，不去学习，也不会突然出现。所以，不要只给孩子上口才培训班、主持人班、表演班，首先应该学习并且改变的，是我们自己。

③ 智慧妈妈做对三件事，养成"小小演说家"

有一个非常重要的问题，就是演说力无法直接教给孩子，必须在不断的使用中才能积累起来。它不是一个公式或者一个概念，而是一种能力，必须通过爱的滋养、丰厚的底蕴、正确的方法、重复的练习、及时的反馈才能更好地掌握。

如何培养呢？我们来分享智慧妈妈都是怎么做的。

第一：让孩子带上梦想的力量去演说

11岁男孩杜兆泽川，曾在《超级演说家》现场神采飞扬地说自己的梦想：上哈佛、成为赛车手、成为汽车设计师，终极理想是成为一名像奥巴马那样的人物。

这个一上台就飞奔着张开双臂拥抱全场的男孩，在演讲的一开始就说在他5岁时就坚定了成为未来领袖的梦想，他想成为像奥巴马一样的人物。4岁时他开始学英语，并每年在嘉峪关长城上给世界各地的游客做翻译、做导游，当他说到自己的梦想时，也受到因做翻译结识的好莱坞电影公司总裁克里斯蒂·里比的鼓励，他说："是的，你可以的。"

这个梦想的力量，激励着他不断努力，11岁他站上了《超级演说家》舞台，用超凡的演讲力，让300万家长看到了他的梦想。

如果我们的孩子说想当总统，很多家长会直接说"大白天地说啥梦话呢""就你当总统，那我还上月球呢"，可是杜兆泽川的妈妈赵菊英听到孩子的梦想时，觉得特别珍贵。

"我的理想是上哈佛，我的梦想是当总统，我要成为哈佛大学的第51位亿万富翁，我要为我的理想而努力，为我的梦想而拼搏，努力努力再努力，加油加油再加油，理想一定会实现，梦想一定不会太远！"

赵菊英说，这是孩子的原话，为了尊重孩子，她把它记录了下来。她不想用成人的眼光来看待这些，7岁的孩子能说出这样的话，当妈妈的要珍藏。

第二：妈妈的榜样，胜过一千句道理

我有个朋友加入了1000天演讲打卡，每天发一段3～5分钟的视频和500字的文章给她的演讲老师。每天她的孩子就看着妈妈对着镜头说："大家好，我是××，今天是2020年×月×号，也是我演讲视频挑战的第×天。"

妈妈每天这样坚持着，就这样过了一个月，她的儿子王子突然对妈妈说："妈妈，我也想演讲。"妈妈很意外，说："好啊，但是我们先要坚持100天哦，如果你能坚持100天，我们就可以到街上去，你可以点任何你想买的零食，妈妈都买给你。"

5岁的王子一开始觉得好奇新鲜，就开始演说，通常在视频里会讲一个小故事。妈妈看到孩子在讲故事，后来就带动身边朋友一

起打卡，形成小朋友演讲打卡圈子，每天几个小朋友都在里面打卡，孩子们有了社群小舞台，再加上妈妈们对每个孩子的点评，都特别积极主动地打卡。

为了进一步激发孩子演说打卡的乐趣，王子妈妈开始给孩子各种装扮，比如讲《三国演义》，就让孩子穿上诸葛亮的服装，边扇扇子边演说，还真像模像样。每天就像玩游戏一样，妈妈演说结束后，就轮到王子演说。

不知不觉就形成了习惯。

第三：每一个演说出色的孩子，没有一个不读书的

查理·芒格曾说："我这辈子遇到的聪明人，没有不每天阅读的——没有，一个都没有。"每一个演说出色的孩子，没有一个不爱阅读的。

21世纪杯全国少儿英语大会上，5岁的Livy操着一口流利的英语，装扮成圣诞老人的样子，在台上边说边比画着向大家介绍圣诞老人。记者米访妈妈：为什么孩子演说这么优秀？妈妈说，我们从4岁开始就在家里读故事，每天都读英文原版绘本。

妈妈每天都和Livy讲故事，孩子从听故事到讲故事的过程，也是厚积薄发的过程。Livy的妈妈说"没有什么诀窍，就是多练"。

华裔女孩邹奇奇4岁就开始练习写作，8岁出书，13岁就成为全美演讲家，在TED演讲高呼"大人应该向孩子学习"。14岁，她登上了霍金、克林顿、比尔·盖茨都去过的世界精英舞台演讲。

邹奇奇的人生才刚刚开始，就已经活成了一个传奇。2岁时，

11

妈妈就给她和姐姐讲中文故事，3岁时她借助汉语拼音，在妈妈的引导下读中文书，奇奇的书单包括《西游记》《三国演义》《中国古代史》等涉及中国历史文化的作品。

奇奇热爱阅读和写作，是从乱涂乱画开始的，每次奇奇画一幅画，妈妈邹灿就鼓励她在画上写几个字，画得多了，写得也就多了。写多了，就开始引导奇奇写句子写故事，慢慢引导她对阅读和写作的兴趣。

尹建莉曾写道：一个从阅读中经历了古今中外各种社会生活、经历了漫长历史发展、倾听了众多智慧语言、分享了无数思考成果的孩子，不仅在思想上更成熟，在价值观上也更完善。

阅读和语言表达能力是相辅相成的，我们每一个孩子也可以和她一样，从阅读开始，寻找属于自己的热爱。我们无法陪伴孩子一生，但是他读过的书可以，我们给予的教育可以。喜欢阅读的孩子逐渐习惯这些来自他人的伟大视角，如此一本本积累，终将获得内心的极大丰富。

所以，每个惊艳众人的孩子，都离不开父母的承载和托举。培养孩子的演说力，从来不是让孩子学习点石成金的演说技巧，而是靠智慧妈妈们春风化雨、润物细无声的亲子时光。

练习工具 ▸

从微梦想清单开始，让孩子找到演说力的方向

问题是我们如何开始呢？

对孩子来说，做喜欢的事情就会有无限的热情，甚至会感受到心流。比起当科学家当企业家这些远大的梦想，我们其实可以走进孩子的世界，问问他们想做什么。从最想做的事情开始，找到自己的热爱。

因为当孩子感觉好的时候，才会做得更好。让孩子做喜欢的事情，引导孩子把细节和感觉说出来，孩子的演说就会把大脑中愉快的情景记忆联系起来，慢慢就会喜欢演说的感觉。

孩子会喜欢做哪些事情呢？我们来看看英国孩子12岁要完成的50件事，就会发现孩子想做的事，真的特别简单。

比如爬一棵树，从很高的山上滚下来，在野外睡帐篷，用木棍搭几个窝，用石头打水漂，知道如何在小河上建堤坝，如何在地质公园寻找化石，用渔网来捞鱼，用小花编个项链，找蝌蚪，等等。

如何合理地制定微梦想清单，帮助孩子找到演说打卡的方向？

第一：多元化微梦想清单

和孩子一起头脑风暴，列出近一个月孩子想做的一些新尝试。

13

序号	事情
	Mike 3 月份多元化微梦想清单
1	去河边抓小蝌蚪
2	
3	
4	
5	
6	
7	

以实践为标准，每天做一个或者是一个以上梦想清单上的事情。有的事情完成得会快，有的事情可能需要好几天，注意清单实施过程中有张有弛，在实践过程中多关注孩子的感觉，鼓励孩子多多尝试。

让孩子拿起小话筒，每天晚上给孩子录制一个3~5分钟的小视频，让孩子说说今天完成的微梦想事件，刚开始可以随意说说，形成孩子的演说习惯，形成习惯后，慢慢引导孩子注意演说的技巧。

第二: 主题式微梦想清单

在多元化的微梦想清单实施一段时间后，每3个月还可以固定一个微梦想清单主题，让孩子自己来选择。如果孩子喜欢出去玩，想想如何结合场景来做演说。如果孩子选择画画，就丰富画画的形式和内容，可以通过外出郊游画画，也可以绘画或编故事的形式完成微梦想清单。

主题式清单是为了帮助孩子深入了解自己的爱好，找到喜欢探索的领域，可以有意识地引领孩子定向打卡，如孩子喜欢汽车，可以引导孩子列个关于汽车的微梦想清单。

序号	事情
Mike汽车王国的微梦想清单	
1	搭建一辆消防车
2	
3	
4	
5	
6	
7	

第三：收集素材，为梦想加上翅膀

为了让孩子的微梦想清单更丰富，我们需要引导孩子及时去搜集素材。

看书 看绘本或看书的时候遇到有意思的句子和事情，想想和清单有什么关联，如何去运用？

动画片 通过看动画片，模仿动画片里的声音或者是动画片里的情节。如果想尝试一下，可以放到微梦想清单里。

朋友的交流 每周或是每个月带孩子去认识不同的朋友，谈谈孩子从朋友的故事当中学到了什么，想做些什么，放到清单里。

活动 定期带孩子参加一些场景式的活动，比如说，参加职业场景的活动，做蛋糕，参加车展、科技展，去博物馆、植物园、动物园。遇到哪些有意思的故事，自己想做哪些事情，都放到清单里。

项目	微梦想清单素材
读书	像托马斯一样去旅行
动画片	学会像超级飞侠一样寄礼物
交流	想要一幅墨镜
活动	想去水里钓小鱼

我们要做到的是每天坚持为孩子演说视频打卡，绝大多数孩子都是对某件事坚持了一段时间、深入地投入之后，热情和兴趣才会越来越强烈。凡事浅尝辄止，到处"种草"，"真爱"是不会发

生的。

　　换句话说，爱与坚持，是相互促进的。越坚持，越热爱。没有最初的喜爱，也不会有之后的坚持。但没有持续的投入，就不会有更深的热爱。培养孩子的演说力，让坚持和热爱伴随孩子的一生。

第 2 节

用黄金思维圈思考，引爆孩子演说的内驱力

> 古老的篝火已经孕育出新的火种，在心与心之间传播，在屏与屏之间传播。点燃思想的时代已经来临！
>
> ——《连线》杂志前任主编克里斯·安德森

很多时候，为了让孩子演说打卡或提升演说的质量，妈妈用了很多方法，比如鼓励表扬，或是承诺给孩子买零食、买心爱的玩具，用来鼓励孩子的坚持。

这些方法用两个字总结，就是"操纵"。我们用这种方式引诱孩子采取行动。这种方式不是不可取，但是它会让孩子忽视演说的真正价值。孩子在练习演说，并不代表孩子从内心自发地想要演说，这是两回事。

① 别着急培养，先从"为什么"开始

一次立立妈妈在孩子演说力社群里分享时说道："记得立立上

幼儿园的时候学习演讲小主持，因为我深知表达的重要性，我也没有经过他的同意就给他报了演说主持班，但是没过多久，他就不愿意去了。当然，那个时候也许是我自己工作比较忙，所以疏忽了，没有引导和陪伴他，导致他课堂上跟不上，也失去了兴趣。后来我也理智地放下了。

"参加1000天演说打卡这段时间，我们母子俩经历了很多的情绪和思想斗争。先是非常痛苦，不知道如何开始；然后特别纠结，害怕立立坚持不下去，坚持了一段时间后，又感觉到开心快乐。

"记得第一天打卡，没有什么经验，让立立读了一首诗就发到群里了。一个视频，我就要拍好几遍。立立也特别不耐烦，我记得在第三天的时候，我们是从下午2点多开始拍视频的，一直拍到晚上差不多9点半，视频在晚上10点多才发到群里面。

"那天下午，我特别痛苦和纠结，因为我觉得孩子不耐烦，他肯定会坚持不下去的，我非常纠结要不要坚持，这才第三天呢，孩子就开始不耐烦了，我和孩子抱头痛哭，但我还是没有放弃。

"我们不断磨合，不断找方法。立立特别不喜欢绕口令，我就和孩子聊，建议他讲故事，可以在群里给大家分享一些故事。慢慢地，立立也找到了自己的定位。学习习惯方面的培养，我觉得贵在坚持这一点太重要了。

"一周之后，我们把痛苦转换为行动。他开始主动和自愿去打卡。每到晚上8点钟的时候，他就会把手机放在桌子上，开始叫妈妈：我们开始打卡啦。"

立立妈妈坚持陪伴孩子演说打卡，从痛苦纠结到后来终于感受到坚持的快乐。但如果一开始我们就引导孩子思考我们为什么要演说打卡，孩子在演说上就会更有主动性。

我们想象一下，一个7岁男孩，如果妈妈说："我们今天要开始演说打卡，演说会让你特别会讲话，变得很厉害，会有更多同学和老师喜欢你。如果你能坚持演说打卡，坚持21天，妈妈就带你去买你喜欢的汽车模型。"

很多妈妈会采取类似的方式，但如果你这样说："妈妈不断学习，是为了活出更精彩的样子，所以白天上班，晚上看书学习，在这个过程中慢慢发现锻炼演说能够让语言表达更清楚，也更容易和别人沟通。所以妈妈天天练习演说打卡，你愿意和妈妈一起演说打卡，变成更优秀的自己吗？"

两种方式，似乎都是让孩子去演说，但是给到孩子的感受却完全不一样，为什么呢？

因为孩子感受到的，不是要演说的能力，而是演说的信念。演说的信念，是我们传递不断变得更优秀的信念，会吸引孩子和你一起，努力向上，积极成长。

第一种我们用操纵的方式，会让你害怕孩子不受控制、不能坚持，也会让你心动，因为毕竟容易实现靠外在的条件来影响孩子的行为。第二种说法的方式则是运用了黄金圈法则，探索事情的本质，分享自己的内在感受，吸引相同内在感受的孩子。

更重要的是用黄金圈法则思考，孩子能够建立真正的影响力，这就是为什么要用黄金圈法则来思考演说的关键原因。

黄金圈法则，其实是我们认识这个世界的方法。我们思考和认识问题可以"从外到内"画成3个圈：最外面的圈层是What，也就是"做什么"，指的是事情的表象；中间的圈层是How，也就是"怎么做"，是实现目标的途径；最里边的圈层是Why，也是"为什么做"一件事。

而绝大多数家长思考、行动和交流的方式都是从最外面的What圈层，也就是从"做什么"的圈层开始。比如我们想到培养孩子的演说力，就开始设立目标，第一天让孩子讲故事，第二天让孩子念一首诗，等等。

但是黄金圈法则对我们提出了不同的要求，它告诉我们思考问题要"从内向外"，而不要"从外向内"，也就是说第一步是思考Why，为什么：你为什么要培养孩子演说力？从而引导孩子思考为什么要演说，怀着什么样的信念。绝大多数人做事情的时候从来没有清晰明确地问过自己为什么，而只是在执行别人给我们的任务，所以，我们培养孩子的演说力，孩子也只是执行任务而已，并没有发自内心地想清楚为什么要演说。

正如查理·芒格曾经说的：不断问自己一个又一个为什么，你就能更好地思考问题。这就是为什么一定要先问自己为什么要培养孩子演说力的原因，而不是觉得因为别人开始培养了，或是学校有要求，就想起来要培养。

只有想明白了最内圈层的Why（为什么），第二步才是思考中间圈层的How（怎么做）。How这个圈层就是要梳理你如何实现目标，用什么方式落实你的理念、价值观。

比如你的价值观是希望孩子通过演说，有独立思考的能力，要梳理出实现独立思考的路径。再比如，你的价值观是希望孩子表达清晰，你可能梳理出来的实现方式就是：在孩子演说逻辑上下功夫。在How（怎么做）的层面，就是要找到实现目标和理念的

方法。

　　黄金圈最外面的圈层，就是What（做什么）。如果我们想清楚Why（为什么）和How（怎么做），那What（做什么）就是水到渠成的结果了。所以，想真正培养孩子的演说力，需要我们"从内向外"思考：先想Why（为什么），再到How（怎么做），最后是What（做什么），而我们绝大多时候却是直接在What（做什么）层面思考。

② 抓住 Why 的本质，玩转 How 的创意

　　我们具体该怎么做呢？如果我们希望孩子的演说力在众多人中脱颖而出，我们就要看清楚培养孩子演说力的本质，从培养问"为什么"的习惯开始。

　　因为当我们停留在How（怎么做）或What（做什么）的层面找答案的时候，答案就永远不会创新，只有在Why（为什么）层面，去思考如何培养的时候，才会有很多创新的想法。

　　当社群里聊到为什么要培养孩子演说力时，有的妈妈说希望孩子能够更自信，有的妈妈说希望对孩子的社交有帮助，有的妈妈说演说可以让孩子以后更有影响力。

　　这些是你真实的需求吗？了解为什么需要培养演说力的一个重要方法，就是要问一问我们内心里的"为什么"，连续追问五个"为什么"，一直挖掘到我们最深层次的感受，再以此为基础进行分析，再来设计。

比如我们询问一位刚接孩子放学的妈妈。

问：　为什么要学习演说？

妈妈：因为希望孩子通过演说，更有影响力。

问：　为什么希望孩子有影响力？

妈妈：因为有影响力就更容易做成事情，达成他的目标。

问：　为什么希望他能达成他的目标？

妈妈：因为达成目标之后他就会有很多的动力、价值感和自信。

问：　为什么希望他有动力、价值感和自信？

妈妈：因为他这一生就会活得很充实、有成就感。

问：　为什么希望孩子一生活得很充实、有成就感？

妈妈：因为这是一个人来到世界的使命。

你看，我们很多想不清楚的问题，通过问五个为什么，一下子就找到了，培养孩子演说力的答案，你也可以试试问自己五个为什么。当我们找到内心的真实需求，培养演说力的目的是帮助他感受到来到这个世界的使命，从这个角度，我们就会有很多创意。

这个时候我们就不再停留在让孩子只是读读故事、背背诗这样简单的需求了，我们就会丰富孩子生命的体验，在感受到生命的辽阔的同时，也能帮助孩子找到自己内心的声音。

如何通过丰富孩子生命的体验，丰富他演说的素材，开阔视野呢？其实无外乎就是读书和旅行。关于读书后面的篇章会提到，我们来分享让孩子从演说角度，玩转旅行的打开方式。

我们经常带孩子去的一个地方就是动物园。动物园动物太多

了，如果我们走马观花地一个个看下来，其实孩子的体验不是很多。怎么玩最能激发孩子的创意演说呢？

从动物种类开始，让孩子从熟悉的动物到不熟悉的动物。比如第一次看陆生动物，第二次看水生动物，第三次看两栖动物。这样归类的方式有助于孩子去比较不同种类动物的生活方式和行为方式，从而感受到大自然生物的丰富与美妙。

具体可以怎么做呢？我们可以分3步走。

第一，旅行前：准备素材魔法箱

在每次去动物园之前看哪一类别的动物，可以阅读相关的动物绘本、动物电影，来激发孩子对探索动物的兴趣。

比如说孩子喜欢看猴子，我们可以根据孩子的年龄，看有关猴子的绘本和书籍。小一点的孩子可以看《晚安大猩猩》《大猩猩》《黑猩猩的面包店》。

大一点的孩子可以看《大猩猩的手有这么大》《和导盲猩猩一起去一起探险》《走进神奇的动物世界》《神奇树屋》《我家是动物园》《我的野生动物朋友》《动物每天都在做什么？》。

或者是看有关猴子的电影和动画片《西游记》《猴子捞月》《淘气的金丝猴》。

在观看的时候，可以让孩子去复述看过的故事，然后说一说自己的感受。比如："你喜欢故事里的小猴子吗？为什么？""为什么小猴子想去捞月亮？"

多提一些问题，让孩子带着问题，和猴子亲密互动。

第二，旅行中：动物故事会

观察猴子的时候，可以问问孩子猴子在干什么。

孩子会说，一只大猴子在追一只小猴子。

你可以说，今天是猴子王国一个很重要的日子。

孩子可能接着说，今天我们会看见猴子国王。

你可以继续说，你看哪只小猴子最像猴子国王？

就这样你一句我一句，我们一起和孩子编一个猴子的故事，当时猴子吃什么，在玩什么，在看什么，怎么和游客互动的，都可以变成故事的内容。

你可能会说我的孩子没有那么多的想象力，你要来引导故事的走向，孩子可以做一些简单的回答。

比如，你说今天是猴子王国王子过生日，你觉得今天它会得到什么礼物呢？

孩子可能会说香蕉。

你接下去：这个香蕉会是谁给的呢？是爸爸妈妈，还是它的好朋友？

孩子可能会说是它的好朋友。

你继续：这个王子今天会感觉怎么样呢？

孩子会说：感觉很开心。

我们每提问一句，都在引导故事的走向，是不是很有趣？当我们和孩子一起编完故事的时候，我们就可以拿出随身携带的话筒，让孩子自己在猴子乐园旁边来讲一讲猴子的故事。

第三，回家后：动物的自我介绍

每次我们在动物园都可以扮演动物的角色，重新介绍自己。比如说：大家好，我是小猴子，我有长长的尾巴和灵巧的双手，我最喜欢的事情就是用我的尾巴荡秋千。

对于大年龄段的孩子，我们可以问稍微复杂的问题，比如说：与猴子相关的诗，你知道吗？猴子最喜欢生活在哪里？猴子的寿命有多久？猴子喜欢吃的食物还有哪些动物也喜欢吃？这就引导孩子从动物的生长环境、历史和食物的关系，来探索动物了。

每次孩子演说的时候，我们都可以给孩子录制小视频，这些小视频收集起来，孩子就有自己的"动物世界"了。

练习工具 ›

五个为什么

如果你着眼于怎样提高孩子的演说力，遇到挫折或者孩子不愿意的时候，最先放弃的可能不是孩子，而是你。

当我们不从表面去思考问题，而是不断问自己为什么要提高孩子演说力，就是从心的层面去激发我们的潜能，让我们相信自己可以培养孩子成为优秀的演说家。

连续追问5个为什么，一直挖掘到我们最深层次的感受，就像本书第23页提到的那5个连续追问"为什么"的例子。

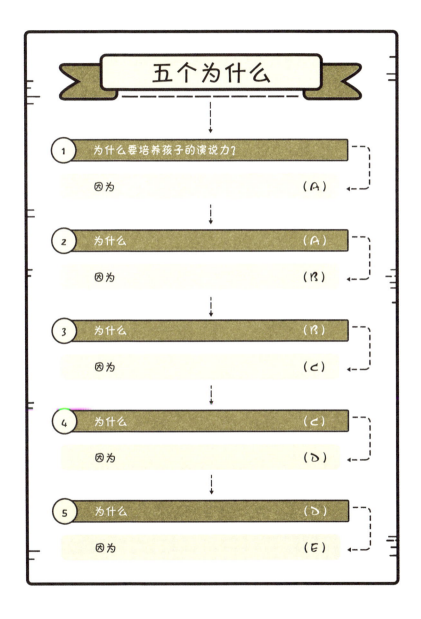

五个为什么

1 为什么要培养孩子的演说力？

　　因为 （A）

2 为什么 （A）

　　因为 （B）

3 为什么 （B）

　　因为 （C）

4 为什么 （C）

　　因为 （D）

5 为什么 （D）

　　因为 （E）

所以5个为什么工具用起来，连续追问，就能发现问题的本质。到最后你会发现答案E才是你培养孩子演说力的核心原因，一起来试试吧！

内向孩子的演说优势

> 因为内向者注重深度甚于广度，并且擅长倾听，孩子们可以在这项倾听优势的基础上，展开谈话了解到别人真正的兴趣。
>
> ——《内向者的沟通圣经》

① 内向孩子的那些痛

豆瓣上有人说自己童年阴影之一，就是每次客人来自己都要被问说："这孩子怎么这么不爱说话？"于是默默地被家里人定义成"内向的孩子"。

一位豆友说起小时候的一些片段，说她参加大人们的聚会总是吵吵闹闹，好不容易等到要回家了，爸爸妈妈为了让她表现得有礼貌，让她跟每一位大人都要说再见，于是大家满脸笑意地看着几岁大的她站在门口跟大人们一个一个地再见："爷爷再见，奶奶再见，大姑再见，大姑爷再见，二姑再见，二姑爷再见……"直到所有人被她再见完，才能离开。

大家都夸她有礼貌，可当时她煎熬得恨不得早点说完，赶快拔腿就跑。不知道有多少个内向的孩子像她一样，被父母期望更外向一点，更活泼一点。

　　"你太内向了，要多出去跟不同的人接触。"

　　"你要积极发言，老师才喜欢你。"

　　"你看你，从小就这么内向，长大可怎么办？"

　　这些声音让内向的孩子无所适从，他们不爱说话，不太喜欢展示自己，思考时间比较长，尤其是在崇尚影响力、自信和个性的社会中，他们总能感到压力，感到被人忽视。这是一件坏事吗？当然不是。

2　转换角度，发现内向孩子的演说优势

　　内向者领导力的思想领袖珍妮弗·康维勒在《内向者的沟通圣经》中提到："内向不同于害羞。害羞是害怕和社交焦虑造成的。尽管二者有些类似的表现（比如说，回避公众演讲），内向是一种偏好，不应该被看成是个问题。"

　　其实，内向的孩子就像一个充电电池，他们的精力有限，需要不断地充电，补充精力。他们的精力来源于自身内部，比如坐下来独自看书思考、玩玩具。外向的孩子需要不断从外部环境中获得能量，比如跟人交往、出去玩或者运动，他们需要四处活动才能保持精力充沛，就像太阳能电池板，只要有外面的阳光照耀就能充满能量。

　　哲学博士Jennifer B. Kahnweiler认为内向的孩子其实藏着一

股值得孩子好好利用的力量，比如注重深度、清晰准确的表达、习惯孤独等。

据调查显示，成功者中内向者所占比例大大高于性格外向者，世界上70%以上的成功者其实是性格内向的人。所以，孩子的性格内向，我们转换角度，会发现内向性格暗藏着一种潜在的能量。

那些观察入微并能做出及时反馈的内向的孩子往往会令人难忘，如果加以鼓励和肯定，一定可以更大地发挥孩子的演说优势。《内向者的沟通圣经》中提到："因为内向者注重深度甚于广度，并且擅长倾听，孩子们可以在这项倾听优势的基础上，展开谈话了解到别人真正的兴趣。"

并且内向孩子们在平时沟通中，也更容易能够站在对方的角度思考，说的内容也能准确触及对方的需要。这样，孩子长大后更可能赢得尊敬和信任，他们可能不会人际关系八面玲珑，但会拥有长久的深厚友谊。

慧慧老师英语启蒙班上有一个4岁的小男孩Sam，眼睛弯弯的像条小鱼，很可爱也很文静。不像别的孩子下课后就像上了发条似的疯跑，他总是话语不多，自己安静地玩玩走走。

有一次慧慧老师上课嗓子哑了，Sam上课就一直盯着慧慧老师看，下课的第一件事就是走到窗台旁边，把慧慧老师泡着胖大海的杯子递给她，说："老师，你喝点水吧。"

慧慧老师鼻子一酸，赶忙说："谢谢亲爱的Sam。"虽然只是简单的一句话，但是一个4岁孩子的观察竟然如此仔细，内心又如此温暖，让慧慧老师无论相隔多少年想起来心里都是感激。

内向的孩子观察细致，感情细腻，会从对方的需要上表达自己的想法。我们越来越欣赏的不再是在公开场合里孩子表现有多么活泼，才艺有多丰富，而更多的是在私下里细节中，那些表现得绅士懂礼、懂得付出的孩子。

内向的孩子不会大大咧咧想说就说，会时而停顿，时而思考，时而沉默。停顿和思考还能帮助内向型孩子避免说错话。在内心平静时，内向型孩子能够获取更深刻的智慧，孩子们会慎重地选择正确的措辞。

就像那句"鸡汤"说的那样，"我们用两年的时间学会说话，却要用一生的时间学会闭嘴"。内向的孩子本身就能够对自己的话语更谨慎、敏感，更善于观察，能体谅别人的感受。内向孩子的性格优势，使得他们更容易交到真正知心的朋友。因为喜欢倾诉的人很多，愿意倾听的人却很少。

③ 如何创造条件，发挥内向孩子的演说优势

如何更好地发挥内向孩子的优势，是我们需要持续努力的方向，我们用4P来引导孩子的行为：

第一: 准备（Preparation）

让孩子无论是在公众场合还是单独沟通都要做好准备工作，形成习惯，这将有助于增强孩子应付各种状况的信心。经常带着孩子社交，如果你也有些内向，那就把社交活动纳入家庭待办事项清

单里。

比如定期邀请朋友全家一起吃饭或去旅游，让主动社交从可做可不做的事，变成每隔一两周必须去做的事，赋予它一些规律性和仪式感，让它成为孩子的期待。

具体准备什么呢？

一是准备提问。与别人沟通时，孩子可以问对方："你去过最有意思的地方是哪里？""你生活中最喜欢的事是什么？"在对公众演说时，孩子也可以准备一些问题，和大家互动。

二是准备介绍自己，介绍自己喜欢什么、擅长什么。准备好自我介绍，孩子就会在沟通或演说时更自信地展现自己。

第二: 展示（Presence）

展示就是让别人感受到孩子的存在。内向的孩子会运用优势去观察到别人的需求，然后做出相应的回馈，这不仅对孩子的社交有帮助，对孩子个人内在力量的建立也大有裨益。

如何展示呢？

① 要懂得倾听，内向的孩子很善于做到这一点，这能够赢得别人的尊重。正如人际关系学大师戴尔·卡耐基说的："如果你对别人感兴趣，那么你在两个月内交到的朋友就比你试图让别人对你感兴趣花两年时间交的朋友还要多。"

② 让孩子记住对方的姓名，最好也能够让别人记住孩子的姓名。这样会帮助孩子在社交场合越来越自信。内向的孩子很喜欢一对一聊天，这也会让孩子遇到真正感兴趣的人和事。

③ 让孩子对别人有帮助，让孩子塑造价值感。比如："我喜欢打篮球，上次在班级打比赛的时候，我就进了五个球，班上的小朋友都喜欢和我一队，如果你对篮球感兴趣，我可以教你怎么打篮球。"

因为之前做过充分准备，所以在展示的时候就会自信满满，游刃有余。

第三：推动（Push）

这里说的"推动"并不是强硬的推动，而是鼓励孩子去做有挑战性的事情，只有去面对挑战，孩子真正的潜力才会被激发。

"推动"可以用一些小技巧，比如把孩子的演说视频放到演说群里，孩子受到陌生人的鼓励，会更有动力。

Mike 三岁半第一次演说打卡的时候，我就把他的视频放到群里，群里有位老师说："欢迎Mike，感觉以后会是个讲故事的高手。"我复述给Mike听，他一脸惊讶："真的吗？她真是个有趣的老师。"过一会儿，又补充道："妈妈，下次我打卡的时候不吃东西了。"

当时他手里握着一小瓣橘子，讲到故事的一半，看到橘子，就顺口吃了，我虽然觉得不合适，但是刚开始的时候还是激发孩子对演说的兴趣为主。听到他主动这么说，我瞬间感受到做母亲的欣慰，觉得当一个妈妈真快乐。

当我们做一些小小的推动，就能感受到孩子内在成长的渴望。

第四：练习（Practice）

创造机会，不断提高。让孩子利用善于享受孤独的能力去练习需要提高的技能，从孩子的兴趣爱好出发，鼓励孩子，陪伴孩子，这样孩子终将有所成就。

在生活中多找机会给孩子锻炼，比如孩子在小区玩的时候，主动跟周围的人聊天，练习自我介绍的技能。也可以一起出去野炊，组织大家互相认识，介绍自己。做这些事情，都要让孩子提前做训练和准备，当真正的机会到来的时候，孩子就能够轻松地应对。

练习工具 >

"Yes, and"，发展对话场景

内向的孩子比较敏感，我们在与他们对话的时候，可以多说"是的"，用肯定的态度去接纳孩子的语言，然后激发孩子发展出更多的场景，这也是在演说中即兴表演训练随机应变能力的核心，意思是先学会接纳，才能应变。

比如说，你问孩子："你想去哪里玩？"

孩子："去动物园。"

你："上周刚去过动物园，再想想还有什么别的地方可去。"

孩子："我就想去动物园。"

这种对话就会让孩子有挫败感，因为我们其实是在否定孩子，没有给出任何建议。为了鼓励内向的孩子表达得更多，在沟通的时候一定要先认可孩子，再给出建设性的建议。这个过程包含两个部分：

"Yes"，是的，接纳孩子。接纳孩子也是用一个开放的心态，回答"是的"，看看这样的沟通会让我们感受到什么。

"and"是添加的意思，就是我们要添加一个新的信息。在沟通的时候我们需要先这样说，这样的话，孩子就会被我们影响。

不管孩子说什么点子，即使超烂，我们也要说"Yes"，这是一个了不起的应变原则。

接下来我们就开始练习吧。

1. 妈妈：今天学校有什么好玩的事情？
   孩子：没什么好玩的事。
   妈妈：是的，没什么好玩的事，而且_____
   孩子：是的，_____而且_____

2. 妈妈：我们这个周末去哪里玩呢？
   孩子：我想去很多地方玩。
   妈妈：是的，你想去很多地方玩，而且_____
   孩子：是的，_____而且_____

3. 爸爸：现在该做什么呢？
   孩子：该画画了。
   妈妈：是的，该画画了，而且_____
   孩子：是的，_____而且_____

这个练习还有一个有趣的地方是孩子永远不知道这个故事里下一秒会发生什么，这个练习也要求你不断放弃旧有思路，不断地认同孩子的观点，并且给出自己的信息增量。只要你们不断地"Yes，and"，你们的故事就可以无限地往下发展。

当内向的孩子不断被肯定，又能够把性格中的优势发挥在演说上时，他就会越来越喜欢演说。苏珊·凯恩在《内向性格的竞争力》一书中写道："如果一个内向的孩子在成长过程中，因为自己的性格问题，使家长经常向别人表达歉意，或被家长有意或无意地纠正，那么孩子就会对自己的性格自卑，不仅不会去寻找自己这种性格的优势，反而还会因为让家长失望，于是痛恨自己为何是这样的人。"这种自卑会引发孩子的心理障碍，比如会引起社交恐惧症、焦虑症等。

当我们转换角度，有效发挥孩子的内向性格优势，让孩子做自己喜欢的事情之后，孩子的演说会更有优势。生活的秘诀其实就在于把自己放在合适的灯光之下。接受自己，找到与世界相处的方式，这是无论内向的孩子还是外向的孩子都应该做的事情。

如何借助归属感，让孩子主动演说

> 父母对孩子的人格发展有长久影响吗？本文在考察了相关证据后，得出的结论是：没有。
>
> ——1995 年哈里斯《心理学评论》论文片段

① 比起家庭环境的影响，同伴演说环境更重要

在培养孩子演说力的路上，我们困扰的不是让孩子说什么，而是如何让孩子愿意去演说，甚至主动去演说。

很多家长在培养孩子演说力的第一步就很为难，因为不知道用什么样的方式让孩子想去演说。有的家长以身作则，主动先自己演说打卡，用自己的行为影响孩子对演说的好奇，这也是一种好的方式。

我一开始也觉得用家庭环境来影响孩子的演说热情很重要，直到看了《教养的迷思》才了解到同伴演说环境对孩子更重要。

《教养的迷思》作者是美国心理学家朱迪斯·哈里斯，她指出：我们平时认为影响孩子发展的主要因素是家长的教养方式，这种观点是错的。

孩子在家里学到的东西，不足以帮助他应对跟其他孩子的关系，孩子更多的是跟其他孩子学习的，而不是跟父母学习的。孩子最大的愿望就是尽快成为集体中合格的一员。越是长大，他们对儿童群体的认同感和忠诚度就越强烈。

对孩子来说，最重要的是如何融入同龄人，而不是学会成为一名成年人。朱迪斯·哈里斯因为这个研究，获得了美国心理学会颁予杰出心理学家的乔治·米勒奖。她指出，孩子们的未来不取决于父母有多爱他们，而取决于他们与集体中其他成员能否和谐相处，尤其是和同辈人的相处，因为他们要和同辈人一起生活一辈子。

每一个孩子都有被同龄人接纳的需求，也就是孩子的归属感。如何借助归属感，让孩子主动演说？我来说说Mike打卡的经历。

Mike在演说打卡的第五天的时候，无论我怎么说，他就是不愿意打卡。说得我一点耐心都没有了，他还是在地上玩他的小车子，不理我。在我即将发火的时候，我赶紧转身快步走到书房，"砰"的一声关上门，坐在凳子上让自己平静一下。因为我知道，如果我再不离开将会面临着一场大战。

还没过几分钟，Mike就把我的门打开，手里拿着平时打卡的小话筒，"啪"的一声砸到地上，眼睛斜瞪着我，气呼呼地说："我再也不打卡了！哼，你这个坏蛋！"我因为情绪稍微缓和了一些，就没说话。我就看着他在书房里闹腾，他自言自语在那气哼哼地翻东西，翻到一个装毛绒玩具的箱子，拿起毛绒玩具在那儿玩。

突然，我想到了同伴环境，我就拿出手机找到那个平时的演说打卡群，把那些小朋友的视频，一个个拿出来播放。他听到小朋友的声音，就走过来，看着哥哥姐姐一个个演说的样子。

时机来了，我说："哥哥姐姐说得这么好，都是因为每天坚持打卡练习。我们再来试一次好不好？你可以拿着这个玩具来打卡。"

他居然想都没想答应了，"那好吧"。看起来无比艰难的说服工作在哥哥姐姐的这种同伴演说环境影响下顺利完成了，其实这是孩子和同龄人的互动"同化"的表现。

同化，简单说就是从众，孩子希望和同伴保持一致，以获得接纳。通过同化，孩子完成了社会化的过程。比如，普通孩子进入英语学霸圈，也不由自主想学好英语；孩子与爱打游戏、爱打架的孩子一起，也会慢慢爱打游戏，荒废学业。

与同龄人同化互动的同时，另一种互动方式是分化，一般来说，孩子多数时间与大家保持一致，少数时间与众不同。尤其到了青少年时期，孩子会在群体中找自己的定位，找自己与众不同的地方。当然，与众不同的最好方法是比其他人更好。

所以，坚持带孩子做演说打卡练习会让孩子在同龄人中变得更好，他就会更有成就感和归属感，有了成就感和归属感，就更想要说得更好，这像是一个良性闭环，让孩子主动想要演说。

② 演说圈子，要么组建要么加入

环境会决定孩子是一个什么样的人，同伴环境也是如此。在上百人面前自信大方演说的妞妞，她的妈妈也是我Ladyboss的同学陈今华，在演说群里这样分享：

"我在妞妞上幼儿园的时候给她报了小主持人班，因为幼儿园的积累沉淀，妞妞在小学一年级的时候班上有活动，她就成为活动的主持人，也代表班级参加了学校的很多活动和比赛。

"平时带着妞妞参加樊登线下读书会，让妞妞感受分享的氛围。有一次给妞妞报名演说夏令营，这是她独自在陌生的城市学习，在摄影师的镜头下，我看到妞妞一次又一次站上舞台，而且小组竞赛中妞妞也为了团队荣誉不断挑战自己，我看到后忍不住眼眶湿润了。"

因为夏令营中都是想要学习演说的孩子，大家都会私下里暗暗较劲比拼。在这样的环境里，不主动演说都难。

那我们如何让孩子加入一个演说圈子呢？如果身边已经有这样的资源，我们就带着孩子加入，如果没有资源，我们就创造条件，最好的方式就是组建一个演说打卡圈子。

如何组建呢？

第一步：迈出一小步，找到至少一个可以带孩子坚持打卡的朋友

三个人就是一个社群，设定好规则，比如每天12点之前发送孩子打卡视频到社群里，人少的时候可以互相鼓励和点评。

第二步：设立规则，树立目标

为了让孩子演说社群的氛围更有能量，我们可以设置相应的进群门槛，因为进到这个群的家长，就是一定会坚持让孩子打卡，你可以根据情况设立"365天打卡""1000天打卡"的主题，每个小朋

友打卡前都要说："大家好，我是×××，今天是我参加1000天打卡的第×天"。

目标最好定高一些，因为取其上而得其中，取其中而得其下，我参加的就是孩子1000天打卡的社群，群内的每一个家长对孩子坚持演说负责，也是对社群的氛围负责。

鼓励大家公开在朋友圈或社交平台写下孩子的进步，因为只有公开展示，我们才会更加坚定地把这件事坚持到底，并且这么做，也会吸引想要带着孩子打卡的家长进群。

第三步：借助社会资源，为孩子创造演说机会

关于养孩子，有句英文"It takes a village"，就是要由一个村子的人来养这个孩子，孩子不是只属于我们自己、属于家庭，他也属于社会。

在培养孩子演说力的道路上，我们也需要借助社会资源来为孩子创造演说机会。在演说的道路上我们有意识找到一些要好的朋友，形成亲密的支持系统。

在线下，我们可以组织演讲比赛，或者是确定演讲主题，定期户外郊游或家庭聚餐的时候，带着孩子们一起做演说分享。

坚持100天或200天后，同城的家长可以组织一个线下演说小聚会，给每个孩子一个3分钟演说的机会展示自己，家长共同投票，在给每个参与的孩子小礼物的同时，也给表现优异的孩子奖品，让孩子感受到演说带来的荣誉。

在线上，我们可以用自己身上的优势，为群里的孩子们赋能。

比如说，擅长主持或者播音这一块的家长，可以在群里分享《如何让孩子学习正确的发音方式》；在职场经常做培训的家长，可以跟孩子分享如何讲故事。再比如说，有些孩子在演讲打卡上表现出来的愿望和态度非常正能量，我们可以请家长来分享一下她是如何带着孩子做到这一点的。

建立这种支持系统的好处，不光是可以减轻演说道路上的负担，更重要的是我们通过这种方式，孩子能够跟小朋友互动，形成一种比同学更亲密的关系，可以一起吃吃饭，或者是一起去图书馆看书，让他拥有比家庭之外更广阔的圈子。

首先，孩子们会很喜欢，孩子会看到别的孩子在演说当中的进步，他就会反思自己，想到自己哪里可以提高。

其次，不同家庭教育的观点不一样，孩子可能会听到很多人说的不同主题，比如说《弟子规》、古诗文、英语演讲。他会感受到演说的方式不止一种，生活的方式也不止一种。在这些丰富的题材当中，孩子慢慢会找到自己想去寻找的方向，形成他们自己的判断力。

③ 熟知家族故事是孩子演说的力量源泉

在孩子的演说表达中，说自己的故事或者家里发生的事情的时候，是最自信的。家庭的归属感会让孩子在演说中更自如地绽放自己。尤其是有信仰和文化传统支持的孩子，内心会更有力量。

而孩子对家族历史越了解，越能够更好地应对挑战。我们可以给孩子说说亲人的故事，讲讲家族人经历过的人生故事，他们是怎么一步步建立这个大家庭的；或者讲讲爸爸妈妈成长的故事，两个人结婚的过程，等等。

还可以经常问问孩子早上、中午、晚上做了些什么，爸爸妈妈都做了什么，了解自己和爸爸妈妈每天的生活轨迹，甚至是家里亲戚的生活和人生轨迹，都会给孩子一种掌控感，孩子对自己的人生会更有自信。

怎么和孩子讲家族的故事呢？有些家长只爱说些家里英雄式主题的故事，或者对家族里的某一个人进行全方位无死角的批判，这两种说法都不太合适，因为生活远比单一式的主题要复杂多了。多和孩子说说有起有落的故事，有光辉也会有苦难，孩子会觉得苦难并不可怕，因为背后有强大的家人力量支持，最终是可以克服困难的。

具体该怎么做呢？我们可以从小问题入手开始讲故事。美国艾默里大学的心理学教授Duke制定了一份叫作"你知道吗"的调查问卷，回答"是"的个数越多越好。调查问卷如下：

你知道吗：

① 你知道你的家长是怎么认识的吗？

② 你知道你妈妈成长的地方吗？

③ 你知道你爸爸成长的地方吗？

④ 你知道祖辈（如奶奶）成长的地方吗？

⑤ 你知道祖辈是怎么认识的吗？

⑥ 你知道你家长在哪里结婚的吗？

⑦ 你知道你出生时发生了什么事情吗？

⑧ 你知道你名字的来源吗？

⑨ 你知道你兄弟姐妹出生时发生什么事情吗？

⑩ 你知道你长得最像你们家族的哪个人吗？

⑪ 你知道你的言行举止最像家族的谁吗？

⑫ 你知道你家长年轻时受过什么伤吗？

⑬ 你知道你家长从得意或失意中得到的经验或教训吗？

⑭ 你知道你家长读书时发生的一些事情吗？

⑮ 你知道你的家族的背景故事吗？

⑯ 你知道你家长年轻时做过的一些工作吗？

⑰ 你知道你家长年轻时获得的一些奖励吗？

⑱ 你知道你妈妈读书的学校的名字吗？

⑲ 你知道你爸爸读书的学校的名字吗？

⑳ 你知道你家族里有没有亲戚因为笑得很少而脸部表情很凶吗？

有研究表明："家族故事问卷回答得越好的孩子，他对生活越有强烈的掌控感，自尊程度更高，对家庭生活更有信心，焦虑水平更低，行为问题也更少。"一旦孩子熟知家族的故事，孩子对自我行为的掌控感会更强，在家庭聚会中、吃饭聊天中会更自信地表达自己的想法。

这种家族起起落落的故事，也会让孩子了解到在那些故事的背后暗藏的人性的优点和缺点，看到每一个人都没有那么完美，也会变得更包容，慢慢也就能体悟到罗素说的"须知参差多态，乃是幸福本源",当孩子的想法更开阔更包容,他的演说也会更有吸引力。

练习工具 >

高能量姿势

从家庭环境走向同伴环境,其实需要一个过渡阶段,无论在家里多么自信的孩子,在公众演说时不免都会有一些紧张和不安。

如何帮助孩子适应这种过渡,让孩子能够在群体中更自信、更有能量呢?

我们都知道要多鼓励孩子,多给孩子创造机会,帮助孩子做好准备,这里我们分享高能量的姿势为孩子的状态加分。

站姿:

让孩子处于站立状态,两脚分开与肩同宽,双手叉腰,抬头挺胸。双手用力向上伸展,好像体育比赛的获胜者一样。

我们看到很多体育比赛中,获奖者在最后一刻都展开双臂,向外张开,迎接全场的喝彩。我们帮助孩子在练习这种姿势的时候,就要幻想在未来的某一天,孩子站在舞台上演说,所有的观众为孩子的演说欢呼喝彩,当我们将这样的画面植入孩子的脑海,就是用孩子的未来给孩子的现在赋能。

坐姿：

身体后倾，双手交叉抱在脑后，把腿高高跷起，甚至可以跷到桌子上，身体尽量舒展坐在椅子上，把手臂向外延展，搭在旁边的椅子上。

这样的姿势是让孩子的身体姿态尽量打开，打开的身体姿态会让孩子感觉放松，当他的身体越来越适应这样的状态，他就会用这种姿态，用于他生活中的更多场合。

美国社会心理学家Amy Cuddy经过研究表明，只要持续两分钟做出上面的高能量姿势，就会让我们体内的睾丸素水平提升，皮质醇水平降低，从而让人更舒适，也更加自信和坚定。

高能量姿势星星表						
〈站立＋坐立〉						
周＼星期	一	二	三	四	五	六	七
第一周	☆	☆	／	☆	☆	／	☆
第二周							
第三周							
第四周							

最好的练习方法就是，我们和孩子一起来练习高能量的姿势，再配上语言上的鼓励，孩子一定会越来越适应在公众面前演说。

认为自己是父母小心肝的孩子，不一定在同伴中有更高水平的自尊心，孩子有他自己的路，我们不可能替他走他自己的路，但是却可以让孩子在同伴环境中通过演说找到自己高能量的状态。

孩子的演说之路需要时间，我们的生活也需要时间。不要急，慢慢陪着他走。

第二章

现在，发现孩子的演说天赋

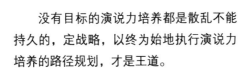

　　没有目标的演说力培养都是散乱不能持久的，定战略，以终为始地执行演说力培养的路径规划，才是王道。

第1节

抓住孩子的语言敏感期，滋养演说环境

> 从出生起，孩子所有的行为都是为了和母亲建立联系。
>
> ——奥地利心理学家 阿德勒

① "孩子胆子小，不敢说"

在一次育儿讲座中，有位妈妈找我聊天：

"哎，吴老师，我给孩子报了幼儿园的口才班，就是希望孩子表达能力强一些，可孩子胆子小，汇报表演朗诵诗歌的时候，声音好小，也不太放得开，怎么办啊？"

我问："孩子学习多久了？"

她说："有一学期了呢，平时在放学的时候我也陪他练，他学得可快了，讲几遍他就可以从头背到尾，但是人一多他就怕了。我家孩子啊，就是胆子小。"

我问："孩子一般谁带的多？"

她说："是奶奶，不过啊，奶奶为了让宝宝听话，总是吓唬他说：你再不听话老虎就把你叼走。我们跟奶奶说过，也没什么好的解决方法。"

我说："需要和奶奶好好沟通。3岁是孩子语言发育的黄金期，在这个阶段积累词汇，学习语言，效率会高很多。但如果老是吓唬孩子，孩子没有和你们成功建立起安全依恋的关系，容易胆小怕人，很难信任别人，而这些都会耗费他的能量，使他不能自信地表达自己。要知道，有充足安全感的孩子，才能在这个世界寻找释放自我的空间。"

对于语言发育敏感期的孩子来说，有安全感就像是种子找到了能够茁壮发育的肥沃土壤。安全感强，孩子才能充满激情地探索，热情地表达。安全感缺乏，孩子就会中断探索不断寻找安全感。

我们陪伴孩子时间有限，怎么让孩子获得安全感呢？

孩子最喜欢和妈妈一对一的互动了，而绘本就是爱与互动中最好用的工具之一。在挑选绘本时，如果想要培养孩子演说力，有几个方法推荐给家长。

第一，绘本不在多，而在于多运用。抓住一本绘本中孩子感兴趣的人、事、物，可以做相关情景拓展。比如孩子喜欢托马斯，在孩子和小朋友发生冲突的时候，在孩子不想吃饭的时候，你可以问："如果你是托马斯，会怎么办呢？"

在互动中了解孩子的想法，尊重孩子和你的不同，孩子也会越来越喜欢和你聊天，无形中又锻炼了孩子的表达能力。

第二，给孩子自己选择绘本的权利，重复阅读。当我们重复阅读一本绘本，其实是在给孩子进行"一致性"的确认，让孩子自我意识得到满足，孩子会听得非常专注。重复阅读绘本的过程，也是蒙特梭利认为的意志力发展的基础。

第三，选择一些关于"爸爸妈妈"的绘本，让孩子了解爸爸妈妈的世界，建立同理心。我推荐的是安东尼·布朗的绘本《我妈妈》，安东尼·布朗是一位了不起的创作者，他擅长用简单的语言描述孩子的心声，孩子看到他的绘本都会不自觉地代入角色中去，体会到绘本中人物的语言、行为和感受。

安东尼·布朗的《我妈妈》站在孩子的视角，描述了孩子对妈妈的爱与崇拜。绘本中的图画和文字并没有直接地表达出孩子有多喜欢妈妈，而是用了一连串夸张幽默的比喻，比如"吼起来像狮子一样凶猛""我妈妈像蝴蝶一样美丽，又像沙发一样舒适"，等等，为我们呈现出了一位无所不能、无处不在的妈妈。

这样俏皮又细腻的语言，尤其是大量"像……一样"的排比句，能让孩子感受到：妈妈的爱是永远温暖明亮的存在。

② 建立安全感，为孩子的演说打下根基

日本绘本之父松居直曾说过："经典绘本取决于有多少丰富的语言，有多少富有内涵的存在感的语言，有多少读者和听者发自内心产生共鸣的语言。"

就是这样的语言，塑造出了丰富而温暖的意象，让孩子在爱里徜徉。生命里，总有些时刻和其他时刻不一样，比如我们和孩子一起感受绘本里爱的流淌，这样的时刻，建立了我们和孩子之间的桥

梁，也孕育了孩子爱说的小种子。

来感受下《我妈妈》绘本的语言吧！

这是我的妈妈，她真的很棒！

我妈妈是一个手艺特别好的大厨师，她可以做出各种形状的蛋糕，有小猴子形状的，有爱心形状的，有五角星形状的，这些蛋糕都很好吃；她也是一个很会杂耍的特技演员，妈妈同时可以做好多事情，比如可以背着皮包去开车子，或者边切橙子边煮下午茶。这是我的妈妈，她真的很棒！

我妈妈不但是个神奇的画家，她经常用口红、眉笔在脸上画画，每次画画之后，妈妈都特别漂亮；我妈妈还是全世界最强壮的女人，她可以用手一边夹住一个包裹，还能用双手再拎三个袋子；我妈妈还是一个有魔法的园丁，种任何植物都长得很好，家里的柜子上都摆满了妈妈种的花，她在种花的时候，衣服上、头发上都会长满五颜六色的花。

我妈妈还是一个善良的仙女，在我难过的时候她总是有办法让我开心起来，看到妈妈笑了，我也变得很开心；晚上睡觉的时候，妈妈还会给我唱歌，她的歌声像天使一样甜美，令我陶醉；可是当我惹妈妈生气的时候，她吼起来像一头狮子，好可怕，即使是这样，我也爱妈妈。

我的妈妈像蝴蝶一样漂亮，每天在我身边飞来飞去；妈妈又像一把舒适的扶手沙发，我可以坐在妈妈的怀里看书；妈妈抱我的时候，我觉得她像小猫一样温柔，有的时候，我想拎起玩具车，但是它太重，我拎不起来，妈妈会像犀牛一样强悍地拎起来，她真的很棒，很棒。

不管我妈妈是个舞蹈家，还是个航天员，也不管她是个电影明星，还是大老板，她都是我的妈妈，她特别厉害，像超人一样，而且还常常逗得我哈哈大笑，我爱我的妈妈，而且你知道吗？妈妈也爱我，而且会永远爱我。

③ 妈妈的七十二变，让孩子更安心

孩子读完后，会觉得妈妈真的好厉害，有这么多角色。事实上，妈妈在生活中的确是七十二变，那么我们可以通过《我妈妈》这本书，带着孩子演起来。

绘本中"像……一样"的句式简单明了，孩子的表达生动形象。刚开始练习的时候，我们可以让孩子来模仿书中的句子，读到角色的时候，我们放慢速度来读，加深孩子的印象。等到孩子对书中的内容熟悉了之后，可以指着图片，让孩子在补充时停顿。

举例：

妈妈像（　　　　）一样温柔。

妈妈像（　　　　）一样强大。

妈妈像（　　　　）一样美丽。

妈妈的声音像（　　　　）一样甜美。

妈妈的声音像（　　　　）一样可怕。

这样玩几次之后，我们可以让孩子来补充形容词。

这样不断加深孩子对妈妈的印象，让妈妈的形象在孩子心里清晰具体，也会减少妈妈不在时孩子的焦虑。

在日常生活可以这样练习：早上当我们梳妆打扮得美美的后，在孩子面前转个圈，可以问问孩子："妈妈像什么一样美丽呀？"如果孩子回答不出，我们可以提示："是狮子还是蝴蝶？"不管孩子回答哪一种答案，我们都要去鼓励并重复"是的，妈妈像蝴蝶一样美丽"或者"是的，妈妈像狮子一样美丽"，引导孩子重复一遍句式的表达。

练习工具 >

"像……一样"的动物世界

当孩子对"像……一样"熟悉了之后，我们进一步陪孩子一起演故事，丰富孩子的表达内容，也能温润孩子的心灵。

表演分解练习：

第一步：妈妈演动物。妈妈先带孩子学会用一种动作来代替动物，比如大吼一声"啊呜"代表狮子；用双手张开，在嘴边向内拨弄两下代表猫咪；用双手上下挥舞表示蝴蝶，等等。重复表演几次，加深孩子的印象。当妈妈表演的时候，如果孩子会不自觉地模仿妈妈的动作，那就成功了一半。

第二步："像……一样"句式演练。妈妈边说边演动物，说到动物的时候妈妈放慢语速，边说动物的名字，边表演出来。

第三步：让孩子边填空边表演。妈妈说句子，说到动物的时候妈妈停顿，让孩子来补充，并且表演出来。

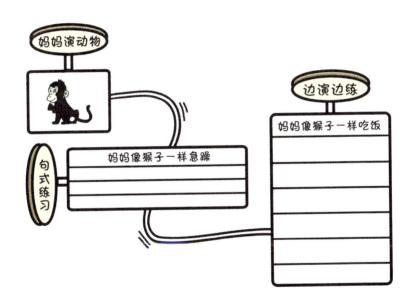

妈妈演动物

边演边练

妈妈像猴子一样吃饭

句式练习

妈妈像猴子一样急躁

通过以上这些方法，就能向孩子传达：在孩子的世界里，妈妈无所不能、无处不在。在孩子的心里，妈妈一直都在。

"妈妈一直都在"，这种感受会给孩子一个觉得安心的安全空间，而安全感就是安全空间的内化，也是我们给孩子的最有价值的感受。当孩子的安全感足够了，他与外界沟通交流就会更自信。

第 2 节

三千万词汇的沟壑，拉开孩子的演说能力差距

研究发现，美国较富裕的职业人士的子女在 3 岁时听到的单词量，比低收入家庭的孩子要多 3000 万个！这会影响到孩子早期的阅读能力，甚至入学后的学业表现、社交、之后的收入差异。孩子们并不是生来就聪明，是孩子们的成长环境让孩子们变得聪明。

——《华盛顿邮报》：《为什么家长要和孩子交流很多并且需要仔细选择孩子们的词汇》

1 "都爱吃草莓蛋糕吗？"

我曾经看过一堂早教课，孩子的答案惊人的相似。

孩子 3 岁的早教课上，老师问："你们都喜欢吃什么口味的蛋糕？"

孩子 A："草莓味道的。"

孩子 B："我也是草莓味道的。"

孩子 C："草莓味。"

听完孩子的一轮回答，他们都爱吃草莓味蛋糕，我特别诧异，猜想是他们在互相模仿，还是他们的生活体验都差不多呢？

3岁的孩子爱模仿是好的，但如果所有的答案都类似，我们就要思考平时孩子的体验感和词汇量了。因为3岁，正是孩子积累语言词汇，并逐步形成语言应用能力的黄金期，也是拉开孩子语言能力差距的开始。

为什么这么说呢？

早在20世纪80年代，美国学者Betty Hart和Todd R. Risley研究发现，到孩子3岁时，惊人的发展差异已经显现在孩子与成人的日常对话、词汇发展和亲子互动方式等方面。而这些差异的产生，都指向了家长本身语言风格和词汇使用的差异。

这两位学者研究发现，孩子每天使用词汇的86%～98%都与父母是一致的。不同收入人群之间，儿童词汇发展的差异，就是父母词汇差异的真实体现。美国较富裕的职业人士的子女在3岁时听到的单词量，比低收入家庭的孩子要多3000万个。这会影响到孩子早期的阅读能力，甚至入学后的学业表现、社交，之后的收入差异。

这个发现对当时社会产生了很大影响，为此美国制订了"三千万字计划"，为的就是帮助家长都能掌握基本的方法，有效帮助孩子发展他们的语言能力。

那么，我们该如何缩小鸿沟，扩大孩子的词汇量？哈佛学者通过大量的观察和研究发现，对学前儿童来说，在学校里专门的"词汇学习"，效果远不如生活中通过大量地使用低频词汇讨论孩子感兴趣话题的自然词汇习得方式。

2 帮助孩子在场景中习得词汇的三个法宝

对3岁的孩子来说，最好先有实际经验，再帮助他们用语言和词汇表达这些经验。接下来，我向大家推荐三个方法。

方法一：参与其中，理解过程

大多数的学习都是自然而然的过程。3岁的孩子，需要自己参与到过程当中，通过设想和研究，获得答案。这种在参与中体会到的乐趣，是不用担心孩子会不会说的，因为孩子自己"有话想说"。

比如让孩子播种，他先是观察和触摸种子，然后会问"先做什么？""然后我们需要什么？""种子长出来后会是什么？"这类问题，慢慢习得像是"肥料""土壤""胚胎""子叶"这些颇为高深的低频词汇，有助于孩子理解植物生长的过程。这些词汇自然而然就学会了。

延伸一些，我们就分析果实运输的来龙去脉。比如带Mike去农家乐的时候，我们对话是这样的：

"那如果我们没有来这里，我们一般在哪儿买苹果呢？"

"在超市里买苹果。"

"我们怎么把苹果运送到超市呢？"

"用汽车。"

"对，我们用汽车运输苹果。"

孩子进一步理解"运送，运输"的意思，我们还可以用开放性问题，引导孩子更多地表达。在对话时，我们要有足够的耐心等孩子反应。相对我们的反应速度，孩子的想法就像是一条潺潺流动的河，时常慢而深邃。

所以交流时，一定要留白，给孩子思考的空间，孩子一遍没有反应，微笑地注视着他等一会儿再问一次，即使孩子还没有反馈，也不要着急，让孩子慢慢说。

方法二：主题词汇为圆心，低频词汇为半径

Mike 3岁时候特别喜欢车子。生孩子之前，橙色大卡车对我来说就是橙色大卡车。因为他喜欢玩车子，我就买了很多与车子相关的玩具和绘本，现在我知道这里面还分挖掘机、推土机、铲车、公路卡车、平板货车……

因为他喜欢研究，他就记住了各种复杂的词汇。有一次路过建筑工地，工地的大门关得不是那么严，留出一条缝刚好可以看见里面的工地。他就透过门缝往里看，我就用描述性语言非常具体地描述我们看到的事物。比如：

"前面的挖掘机正在挖土，挖掘机驾驶员正在用挖手挖土。你看呀，已经挖出了一条沟，沟里面会有什么呢？也许会埋一些电线进去，也有可能埋水管进去。"

当天晚上，我们就回家看了《大型卡车全知道》绘本，他津津有味地和我重复着"沟、水管、驾驶员。"

按照孩子的兴趣来，我们要做的就是启发他，让他多了解自己感兴趣的事情。最重要的是，认真对待他的兴趣。在跟孩子分享词

汇的时候，我们就是在帮他细分世界。当孩子能了解不同的车，通过观察知道两者的区别，并能用词语描述出来，想想看这种说的欲望该有多强烈。

方法三: 好好回答"十万个为什么"

很好地回应孩子的问题，也是支持孩子积累词汇并表达的重要方式。哈佛学者Michelle Chouinard（2007）在研究中发现: 1.5岁到5岁的孩子，平均每小时问成人50～120个问题，绝大多数是向父母寻求信息。孩子的提问并不是特意想要学习词汇，然而我们有策略、有词汇、信息丰富的回答，不仅能提供孩子答案，更能够自然而然地支持孩子的词汇学习。

研究中心也反馈: 来自低社会经济地位家庭的孩子，他们的提问很少获得家长的回应，这种词汇学习机会的损失，也是导致知识和学业差距的根本原因之一。

所以我们需要好好回答孩子的"十万个为什么"。在《雪球帮》这本书当中提出了好答案的标准，只要符合其中一条就是好答案。它们是:

① 解释了为什么。

② 用跨科学的方式解释了为什么。

③ 利用简单形象的比喻解释了为什么。

④ 在解答问题的同时，提出了更好的问题或者开辟出新的领域。

⑤ 用科学的方法挑战了问题本身。

实在回答不上来，可以和孩子说"我们一起来找到问题的答案吧"。和孩子一起寻找答案的过程，也是和孩子深层次交流、加深理解运用的过程。

练习工具

爱学新词

什么对于孩子来说，是更好的词汇？孩子需要的词汇、符合孩子的兴趣、有更丰富的知识和概念内涵的词汇都是更好的词汇。学习语言是一个社交的过程，不要着急去教孩子，而是蹲下来倾听孩子的想法，与孩子对话。

就像英国诗人吉卜林那样，帮孩子领悟"世界的万物是如此的丰富多彩……"。

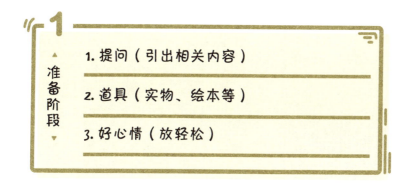

准备阶段

1. 提问（引出相关内容）

2. 道具（实物、绘本等）

3. 好心情（放轻松）

2 如何去做

1. 沟通（提问）小蚂蚁的相关问题

2. 仔细观察

3. 讨论并引入新词

3 进阶活动

1. 和高人（或相关专家）交流

2. 多元化体验（画画、看动画片等）

3. 制作相关小书、海报

第3节

三个常用场景，帮助孩子打开自我

> 不论孩子表现出来的是冷淡还是热情，如果只是凭着本能或直觉，下意识地对周围环境做出反应，那么，他们内在的自我就始终是封闭的，外在的表现也会跟周围的环境格格不入。
>
> ——康妮《如何培养受欢迎的孩子》

或许我们觉得在大家聚会的时候，有的孩子就像个小话痨说个不停，妈妈会既甜蜜又无奈地说："我的孩子啊，就是话多。"有的孩子半天都说不了几句，不管怎么鼓励，他都自己玩自己的，不太理你，妈妈会觉得："没事，我的孩子有点内向，在家话可多了。"

其实不全是这样，最核心的还是他们在社交场合中能不能有意识地调整自己去适应环境。康妮在《如何培养受欢迎的孩子》说道："不论孩子表现出来的是冷淡还是热情，如果只是凭着本能或直觉，下意识地对周围环境做出反应，那么，他们内在的自我就始终是封闭的，外在的表现也会跟周围的环境格格不入。"

也就是说，我们应该让孩子打开自我的状态成为他们的日常，让他们更习以为常地说出自己的想法。

也许你觉得，平时跟孩子聊天的机会挺多的。可是想想看，回到孩子生活的场景当中，当你因为忙于工作，把iPad推给孩子看动画片时；当你带孩子在小区玩耍，他们玩他们的游戏，你在一边回微信时；当你带孩子出门逛逛，他想让你看看池子里有几条小鱼，你却一直让他快点走时……

孩子不是不想打开自我，释放天性，只是你给孩子表达自己的机会够多吗？

现在，就让我们从孩子日常生活着手，帮助孩子打开自我。从孩子熟悉的家到他经常逛的小区再到更远一点的地方，我们一起来看看可以做些什么。

① 家里：有仪式感的家庭会议

在家里，如果我们一本正经地和孩子开会讨论聊天，可能他还没坐一会儿就跑了。如何让孩子喜欢和我们开会，讨论彼此的想法呢？我们可以通过仪式感增加家庭会议的趣味性。比如我的朋友丹丹，她家的仪式是周五晚上固定开家庭会议。这个会议总是有固定议程，包括唱歌、讲故事、演讲、玩游戏、吃零食、看电影等。

在实际操作的环节会有很多突发情况，孩子有时会觉得无聊，我们就需要不断调整，让会议变得好玩。具体该怎么办呢？

两个小建议分享给大家：

第一个，增加"啊哈时刻"（Aha moment）

什么叫"啊哈时刻"呢？说白了就是孩子感觉到有趣，情不自禁地发出赞叹的时刻，它对应的就是打开孩子参与活动的亮点。比如选择不同的地点来举办会议：在家里孩子的小帐篷里面开，在阳台摆一些小蜡烛开烛光会议，或者每人带着一只玩偶在床上开。

在会议的开头和结尾，也可以增加一些"啊哈时刻"。比如会议开始的时候，告诉孩子家里藏有一些宝藏，这些宝藏可以是糖果、巧克力、饼干，欢迎各位国王去寻找自己的宝藏，带着宝藏来开会。

比如，可以在会议中间增加互相颁奖的"啊哈时刻"，可以是"进步奖""自我管理奖""故事大王奖"，家人之间互相鼓励和赞美，让孩子关注别人的闪光点，除见贤思齐外，还让他们具备了一个社交优势，就是赢得别人的好感。因为任何人都希望自己被关注，善意地关注他人，就会赢得对方的好感。

如果"啊哈时刻"只是简单地用来作为惊喜，也许它的意义不是那么大，而如果"啊哈"能够转化成一种能力，让孩子能够影响更多的人心生美好，那它就很有意义了。

第二个，把孩子的想法加入会议主题

让孩子习惯把会议当成一种沟通渠道，比如孩子每次幼儿园放学后想买零食吃，你就可以说"这个我们放在会议上讨论"，孩子就会很期待会议。

67

孩子的日常生活都可以放在会议主题里讨论，比如说"可以做哪些家务事""晚上的时间安排流程""周末的出游计划"，当会议已经成为孩子生活的一部分时，孩子自然而然就不畏惧在人多的时候讲话了。

❷ 小区："妈妈，我给你拍个照片"

介绍完家庭场景后，我们来说说走出家门，走进孩子常玩的小区。Mike 3岁的时候很喜欢的一件事就是给我拍照，虽然他拍摄技术有待改进，但是我们都乐在其中。我们经常在小区的健身器材旁边、银杏树下、草坪上、假山旁、十字路口拍各种各样的照片。

有时我给他照，有时他给我照。我把这些照片全部洗出来，带着他一起做了一本小区资料书。这本书他一个人能看很久，因为这些都是他熟悉的场景。接下来，我们就可以好好做延展了。

（1）这是一本自编故事书

像讲故事一样，孩子可以一个照片、一个照片地讲故事，回忆当时发生的故事。2020年的1月有一天下起了大雪，当天傍晚，我们就带着铲子和小桶到楼下去堆雪人了。那天雪不是很厚，我们堆了两个小雪人，Mike说它们一个叫爱莎，一个叫安娜。

我们给"爱莎"和"安娜"拍了照，看到这张照片的时候，Mike每次的版本都不同。"爱莎和安娜想妈妈了，它们在寻找那个声音""现在它们去哪儿呢"……

你看，只要孩子参与其中，他就会源源不断地冒出自己的想法。

（2）这是一本社交工具书

不知道你有没有这种感受，觉得孩子是上天派给我们的天使，带领我们领略这个世界的丰盛。因为孩子，我们会放慢脚步，仔细留心身边的每一棵树、每一朵花，甚至每一个健身器材。

Mike很喜欢在小区里的健身中心玩，在这里我们也留下了照片。我会在不同的照片上做些标识，比如很多健身器材名字我都叫不上来，后来去仔细看标识才知道，它们是"伸背架""双人双杠""压腿轮"。同样，我们把这些照片放进了小区资料书，经常比赛看谁能说出来健身器材的名字。

有一次Mike又跟小朋友们在健身中心玩，有个大哥哥说："你们快看我。"Mike看到了，扭头对我说："妈妈，他玩的是漫步机，对吗？"旁边有位奶奶听到了说："不错不错，这个小弟弟知道不少呢。"

小哥哥的爷爷也听到了，打趣说："小朋友这么厉害，你跟我们说说这是什么？"边说边指着自己坐的器材，Mike一看，说："这是扭腰器啊。"那位爷爷乐了："厉害厉害。"

从此以后，Mike就更喜欢在健身中心和小朋友玩了，那里有他的自信和骄傲，别说打开自我了，就是在陌生的小哥哥们的枪战游戏中，在陌生的小姐姐们的娃娃家里，他都很主动地询问能不能

一起玩，叽里呱啦迅速打成一片。

教育是潜移默化的，我们要做孩子成长路上的好朋友，而不仅仅是教练。从孩子的兴趣开始，让他们自己从兴趣中自然而然地积累，主动参与交流，这样他们才能由内而外地持久转变。

③ 自然空间：标识小魔王

Mike 3岁的时候对各种各样的标识特别感兴趣，他特别热衷于看停车场的标识、加油站的标识，甚至地图里面自己的位置。我们多帮助孩子去认识标识，不仅有助于孩子锻炼空间感，也会让他们有一种在自己领域当国王的感受。

在坐车时，Mike会说："妈妈，那个是洗车子的地方，我们去看看吧！""妈妈你看，那是停车场。"我们就要抓住这些时刻，和他交流。

你可以注意观察一下，孩子喜欢的标识都是什么，把这些标识利用起来，做查找特定文字的游戏。比如说我们可以聊聊标识上的图形与文字，跟孩子说一说为什么快餐店和加油站的标识这么醒目。

也可以跟孩子说一说标识背后的故事，和孩子聊一聊餐厅商店的名字是怎么来的、名字的含义。比如说，必胜客为什么管它叫必胜客呢？它的英文名叫pizza hut，hut是很小的房子的意思，问问孩子是怎么想的。

所以每一次和孩子出行，都会是我们引导孩子更深入理解语言、鼓励他运用语言理解世界运行规则的机会。在新环境里，孩子越是能够利用标识，他就越会有掌控感，这样的掌控感会帮助他更容易打开自我，加入对话或者是讨论当中。

在这个过程中孩子的词汇量的习得、沟通的方式、表演的欲望，都是演说力积累的开始。

练习工具 ›

大灰狼逛超市

家是孩子最熟悉的地方，我们需要让孩子学会适应新环境。到新环境的适应感越强，孩子越不容易拘束。我们可以从家到小区，再到之外的空间，一步一步拓展孩子熟悉的场景。

如果在新环境中，我们引导孩子把熟悉的人物放进来，其实就是在帮助孩子学会理解别人的感觉、看法，帮助孩子解读他人的行为。

推荐一个练习工具：大灰狼逛超市。

前期工作

在玩游戏之前，我们先要让孩子了解《三只小猪》或者是《小红帽》的任何一个版本，前期我们要让孩子熟悉里面的人物——大灰狼。

怎么做

① 围绕大灰狼提问。比如说在超市里，我们问孩子："如果大灰狼在超市里，它会怎么选择呢？""大灰狼要是看到了这些肉，会发生什么事情呢？"

② 学会编故事。故事越离奇越好，和孩子一起来编故事，比

如说大灰狼可能会吃掉所有的酸奶，吃掉水果，还有可能大灰狼吃了之后马上就跑走了，等等。在这个过程中，启发孩子换位思考。比如大灰狼这样做为什么不对，大灰狼为什么不受欢迎，有没有更好的解决办法，等等。

③ 在新环境中让孩子扮演大灰狼。在新环境中，如果孩子能投入一个角色当中，学他的语气和神态，孩子慢慢就会放松，不太在意别人的眼光。

我们可以和孩子一起演起来，孩子当大灰狼，你当小红帽。表演时，尽量让身体舒服、舒展，让自己的身体和四肢占用更大的空间，这样我们可以增加自信和气场，表现也会潜移默化地影响孩子。

在这些对话和交流当中，孩子会勇于在新环境中去表达自己的想法，也会因此受到周围人的喜爱，得到肯定和赞赏，成为一个受欢迎的孩子。

所以，与其不断地教孩子说话，还不如"由近及远"地帮助孩子熟悉活动空间，先在家庭内部营造平等沟通、爱和信任的氛围，跟家人建立良好互动后，再逐渐扩大社交半径，教给孩子和周围人一对一沟通的方法，和陌生人得体交流的能力，实现从家人到陌生人的融洽沟通，为孩子未来的演说力打好坚实的基础。

第4节

如何制订培养演说力计划

记得有一次受邀担任当地凯叔故事大赛评委，给在台上讲故事的孩子们评分。

上午场是小龄段孩子，下午场是大龄段孩子，一天评分和点评下来，深刻感受到现在家长的培养真是越来越用心。不论是从选题到展现，还是从服装到动作，孩子们的呈现都相当精彩。

小龄段3~5岁的孩子敢于站上舞台就已经很出彩，更何况还能讲好一个故事。我的朋友也是主办方之一，她女儿乐乐3岁，也参加了表演。乐乐站上舞台，稚气的声音一响起，就吸引了全场的注意力。

"大家好，我叫乐乐，今天我给大家讲一个故事……"乐乐的表现落落大方。

乐乐虽然很小，但是在舞台上讲到动物的声音，被自己声音逗乐了开心地咯咯笑，一会儿故意拖长音把声音放得很大，感觉很恣意，有种想全场人都听见自己声音的快乐，这种表现是教不来的，只有父母无条件的爱，才会让孩子如此绽放。

我感受到的不仅是她的自信，更多的是她内在满满的安全感。

下午场的8岁冠军小朋友还发表了获奖感言，发言中透着坚毅。恰好之前我看到过这位冠军小朋友的妈妈，在孩子刚开始讲故事的时候，她站到了一个孩子看不见的地方，全程跟着儿子念。怪不得孩子这么优秀，家长的角色太重要了。

我们如何培养孩子的演说力呢？演说力的培养不是一蹴而就，孩子的年龄段不同，适合的方式也不一样，但是底层的学习模型是一致的。

下面给大家分享演说力培养的IPO学习模型。

I: Input 信息输入

① 每天在让孩子学什么？

② 孩子学习内容的质量，可以大幅度提升吗？

P: Process 信息处理

① 你有不断引导孩子思考本质的习惯吗？

② 孩子学习的内容，有其他关联引申吗？

O: Output 信息输出

① 孩子现在在用哪些输出方式？

② 孩子的学习深度真的足够吗？

1 输入：筛选演说学习通道的质量

在北美的图书馆，家长凭着借书卡在市中心的儿童图书馆一次就可以借到100本之多，给孩子借书都是用推车来借，但是给孩子读什么样的书，比数量更重要。

你给孩子读什么书，孩子就会变成什么人。

(1)0～3岁 准备期

这个阶段是孩子的语言发育的准备期，多给孩子看经典图画书。一本好的图画书，即使孩子不识字仅靠读画面，应该也可以读出一个大意。

最好的阅读方式是亲子共读。我们通过文字想象故事描绘的世界，甚至对某些内容产生共鸣，把这种文字转换成生动和温暖的话语，传入孩子的耳中和心中，这种言语的体验和心灵的沟通，是孩子自己看书无法体验的。图画书中传递的情感和体验，越过了孩子自己日常的生活界限，借助艺术的翅膀，给日常的生活带来更多的现实感。

如何选择经典图画书呢？建议大家读彭懿所著的《世界图画书阅读与经典》，这本书对国内引进的60多部世界经典图画书进行了精彩解读，而且还为家长深入阅读和研究提供了主题索引。

我们可以直接购买相关经典图画书，边参照《世界图画书阅读与经典》的诠释边朗读。

(2)3～6岁 完备期

这个阶段，孩子的认知能力不断提高，不再满足于理解图画内容，他们对故事的情节和章节之间的联系更感兴趣。

在这个阶段我们需要做的就是在好的学习通道上，开拓孩子的阅读视野。给大家推荐《阅读力：未来小公民的阅读计划》，作者贾森·布格斯坦结合200多位作家、育儿专家和儿童发展领域的专家25年的研究智慧，推荐3～6岁每个阶段孩子应该读哪些书，也有相关的索引。

（3）6～13岁　黄金期

这个阶段孩子对阅读的渴求会更多，大龄段文学作品也会变得越来越写实，很多故事的情节会关注社会和情感问题。所以，我们更需要去参考一些专业人士建议。

给大家推荐的是《2019年中国小学生分级阅读书目》，在书目推荐中，比如说像梅子涵、朱自强等很多著名的专家学者，儿童阅读推广人等对书目的制定都贡献了自己的智慧。

还有教育部制定的《中小学必读书目》，其中分得很详细，每个年级上学期和下学期都会有，从一年级一直到初三，书目罗列了很多国内外语言大师和名著经典。经典的力量会改变孩子生命的轨迹，不管他走到那个领域，最后都会走得比别人稍微远一些，因为那些书中，凝聚了前人的智慧、文明的精华。

❷ 运用：书中知识和现实生活相联系的运用

给孩子买书很容易，如果能让孩子把书中知识与实践联系后表达出来，那就太棒了。但这并不容易，需要你不断与孩子做情感交流，把重点放在"书中知识和现实生活相联系的运用"上，这就是练习演说的"捷径"。

如何做呢?

从发现书中的问题开始。

斋藤孝教授在《深阅读》中提到:"发现问题要比解决问题更难。"孩子如果以自己的经验来思考,很难提升思维能力。如果能引导孩子去注意书中作者的提问,用括号把问题括起来,孩子就能弄清楚作者是怎样解决问题的。随之就容易理解对话如何展开,也能预想到接下来会出现怎样的提问,甚至自己也能养成边问边思考的习惯。这样读书,会让孩子把别人的经验当成自己的经验。积累阅读和思考的经验越多,表达也会越流畅,角度越多样化。

阅读是有马太效应的,读书积累经验的速度越快,就越容易迈上下一级台阶。亚瑟·叔本华在《论读书》写道:"如果你觉得读书就是为了模仿别人的想法,那是思想上的懒惰,请丢开书自己思考。"

读书是为了什么?是为了提出"更多的问题""更好的问题",这样的习惯从小就要养成。小学前读书活动还不能称作讨论,可以说是"聊天"。大部分是确认孩子能否理解书的内容,让孩子和你一起尽情地联想。聊天的内容以人物和事件为中心。

"××性格是什么样的?他发生了什么故事?"

"××如果做了其他的行为,会导致什么样的后果?"

到了小学高年级,就应该带着批判性的观点来读,这样才能产生逻辑性的答辩。比如小红帽故事,我们会怎样问呢?

单词提问:小红帽是什么意思?

句子的表达提问:为什么不用"现在是"而要用"曾经"来表达?

对感受提问: 如果她被骗了，是什么感受?

对句子能引申的信息提问: 用什么方法可以让小红帽避免遇见大灰狼?

比较性提问: 对于大灰狼来说，吃小红帽的好处和坏处是什么呢?

对对方的意见提问: 你想对小红帽说些什么?

对作用于对方的问题提问: 对于通过欺骗小红帽达到目的，你对大灰狼有什么看法?

假设提问: 万一你是大灰狼，你怎么办?

提出结论性、综合性问题: 善良和幸福有什么关系?

问这些问题会延迟孩子阅读的速度，但是这样提问会让孩子对一切事物的理解力都能迅速提高，不只是提高孩子对句子的理解能力，把握语言的意思，对于孩子掌握对话的方向也有帮助。

这些问题是让孩子搭上了思想的便车，在问题中孩子不断发现自己、完善自己，这样，孩子的观点会更有深意。

有了有深意的观点，如何表达出来，也是演说力的关键。

③ 输出: 演说就是讲故事

一个路人向一位老人询问返回城市的路。老人回答: "绕道的话有一条捷径，直走的话则有一条远路。"路人请老人告知能直走的路。老人说: "虽然这条路能一眼看到底，但实际上需要花费很多时间。而另一条路，虽然看起来绕远了，却另有捷径。"

这是犹太圣经《塔木德》中的一个故事，我们总是下意识地选择能看到的路，比如培养孩子的演说能力就直接让孩子去上口才训练班，但其实"讲故事"这条弯路离演说能力的提升更近。

好的演说里面经常会包含故事，因为每一个人都爱听故事，而故事能够走进我们的心里，潜移默化地告诉我们故事当中的道理。

与其跟别人讲道理，不如跟他讲好一个故事。怎么去检验孩子有没有理解阅读的内容呢？让孩子讲书中的故事就是一个非常好的输出方式。

好的故事里面会有天生的结构模型、场景感、画面感、生动感等，但是在孩子演说的路上，我们从简入手，先学会讲故事的关键：结构。

《人人都在晒，凭什么你出彩？》的作者奥斯丁·克莱恩告诉我们，有意思的故事最重要的部分就是结构。一个好的故事要有条理，要严谨，符合逻辑。

皮克斯动画工作室故事设计师艾玛·科茨将童话故事的基本结构设计成某种填空游戏，我们可以教会孩子练习，锻炼他的逻辑思维和表达能力。

> 很久很久以前，有一个……
>
> 每天……
>
> 有一天……因为这件事……
>
> 然后……
>
> 最后……

好的故事会让孩子自己能够讲故事。每个人都喜欢精彩的故事，但不是每个人都能轻轻松松说出来，这个技巧需要花很长时间去学习，所以，带孩子好好研究最棒的故事，然后找寻属于他的故事。孩子越常分享，就能说得越精彩。

比如，绘本《月亮熊》，我们试着用上面的结构让孩子套用一下：

很久很久以前，有一只小熊，它喜欢月亮，它想和月亮做朋友。

每天，它都尝试了各种办法，想让月亮回到自己的家。

有一天，它终于成功了，它终于将月亮从天上请到了自己家里。可是因为这件事，森林里的其他小动物不干了。

然后，他们敲锣打鼓地集体出动要把月亮找回来。

最后，它们和小熊达成了一致，让月亮继续待在天上，可以在每月的第一天来小熊的树洞里陪伴小熊。

就这样，让孩子用平实的语言直接叙述。大师级的人物都会把复杂的道理说得浅显易懂，孩子经常讲平实的语言，就会成为讲故事的大师。我们也要注意到好的故事会吊足人的胃口，总会有转折，总会让你期待"然后呢"。

蔡康永曾经在一次访谈节目中说，故事之所以让别人爱听，原因有二，一是"有意义"，二是"不顺利"。后来他进一步举出了《小王子》的例子：在遇到小王子之前，很多意象对于狐狸来讲都毫无生趣，可是由于小王子的出现，它们都被赋予了意义。而且，故事只有遭遇"不顺利"，才会精彩。

美国剧场导演乔治·艾伯特曾说，故事的结构就是："第一幕，你让主角如大树挺拔；第二幕，你对主角丢石头；第三幕，让大树倒下。"

孩子多练习，就可以把讲故事的能力运用到生活和学习当中，每一次的观点发言都可以用讲故事的方式来表达。会讲故事的孩子是有吸引力的，能够在任何场合用讲故事的方法来表达观点是有致命吸引力的。

所以，从现在开始练习吧！

练习工具 >

孩子的"百搭故事"

百搭故事的意思是，无论面对什么样的场合，都能唤起共鸣。我们可以给孩子准备一个百搭故事。

百搭故事准备两步曲：

① 从孩子自己的故事入手。我们每一个人讲自己的故事的时候，都是演讲高手。选取一段孩子难忘的经历，和孩子一起设计打磨。

② 套用架构，突出对比。善用对比是故事中很重要的一个部分。我们可以用皮克斯动画工作室故事设计师艾玛·科茨的填空游戏开始架构。

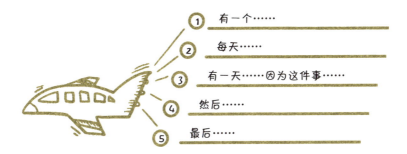

    每个孩子的故事都不一样，千人千面，现在就准备孩子的百搭故事吧。

第5节

那些演说路上的拦路虎

> 能量，源自激情和热爱，这种能量会自对视间、呼吸间自然流露，汩汩而出。这是一种因为相信与渴求而诞生出来的、萦绕周身的气质。
>
> ——苹果副总裁 安吉拉

在培养孩子演说力的路上，总会遇上接踵而来的拦路虎：

"我的孩子胆子小，上课都不爱发言，更别说上台演说了。"

"我让孩子讲故事给我听，讲了一会儿就不讲了，根本坚持不下来。"

"我不知道怎么去培养，还是送学校口才班或者主持班比较合适。"

……

你有没有想过，所有这些，其实都不过是退却的借口。打破障碍的也不是高高在上的英雄，而是改变认知后的你。

我们分析一下困惑比较多的两个障碍：孩子胆子小和容易放弃。

① 练胆量：胆小怎么破

胆小不敢上台的孩子，多半是因为内心的力量不强大，所以我们要从孩子的教养方式去反思我们该如何让孩子内心更有力量，敢于做自己。

如何激活孩子内心的能量？苹果副总裁安吉拉在TED上曾说："能量，源自激情和热爱，这种能量会自对视间、呼吸间自然流露，汩汩而出。这是一种因为相信与渴求而诞生出来的、萦绕周身的气质。"她很幸运，因为她就是在这样的能量氛围下成长起来的孩子。

（1）鼓励孩子的"要"，也接纳孩子的"不要"

安吉拉提起自己的童年，十分感谢自己的母亲，她的母亲曾是一名模特。她说："我家并不富裕，家中孩子又多，妈妈是一家的灵魂人物，总是鼓励我们做自己想做的事情。"

她妈妈是怎么鼓励的呢？从很小的时候起，安吉拉就展示出不同寻常的创造力。她利用时尚杂志创作拼贴画，妈妈干脆就将家中柜橱让她改造成了属于自己的艺术天地。

心理学家罗杰斯曾说："爱是深深的理解和接纳。"安吉拉的妈妈能够鼓励她勇敢做自己，鼓励她的"要"，就会转化成为她的能量，带给她源源不断的热情。在日常生活中，鼓励孩子的"要"相对容易，接纳孩子的"不要"更需要智慧。

"不"是最美的内在语言，因为它代表着自我意志，代表着内心最真实的自己。当孩子说出"不",相当于和我们之间划了一道界限,告诉我们,我"不"想按照你的意愿来,在我自己的事情上,我想自己说了算。

当孩子太容易说"是",而不能说"不"的时候,孩子在关系中会表现得貌似很友善、很听话,但在态度上就会是消极、被动、封闭的,甚至是沉睡的,在行为上就会显得唯唯诺诺、胆小,不敢在公众面前发言。

所以,尊重孩子内心的声音,鼓励他的不同,给他去营造一个可以尽情发挥的环境,就是在释放孩子的能量。安吉拉是这样去描述能量的:"能量像情绪的电力,它是联结大众的强大集体精神,促使我们成就非凡。"

在孩子释放热情的能量中,肯定会有破坏性的部分。但是不能因为害怕孩子的破坏性就去制止。"不可以",这是我们对孩子有不同意见时说得最多的话,我们说得越多,孩子越胆小。

其实成长是需要付出代价的,你要是怕麻烦,孩子也会怕麻烦。你要是多鼓励,孩子就会发现自己身上的力量和勇气。

(2)丰富自己的精神资源

除了内在力量,孩子还需要丰富的精神资源,而这一切,离不开原生家庭的成长环境。说到成长环境,安吉拉曾说:"完全意义上来说,我是受精神世界丰富的母亲和具有哲学气质的父亲抚养并影响成长的。"

父母精神世界的丰富有多重要?分享两位女性的例子。

伊丽莎白一世和慈禧太后，两位都是重要的政治人物。伊丽莎白一世统治半个世纪，英国成为欧洲最强大的国家之一，英格兰文化也达到了顶峰，同时强化了航海能力，并且确定了在北美的殖民地。

慈禧太后，这位晚清的实际统治者，她数次为了维持清朝的统治，签订了丧权辱国的条约，恶化了近代中国的前途。

两位执政女性统治手腕大相径庭，导致两国完全不同的命运。为什么？我们来看她们的成长历程，就能够感受从小她们的精神资源就天差地别。

伊丽莎白小时候的教师是英国文艺复兴时期著名的人文主义者罗杰·阿斯卡姆，她所了解的历史人物是亚里士多德、恺撒、哥伦布，而慈禧小时候读的是《资治通鉴》和一些戏文，读什么样的书，就会成为什么样的人。这些代表了当时最高统治者的世界观与精神结构深深地影响了她们的命运。

我们给孩子提供的精神资源，将会形成孩子的精神结构，精神结构就会主导孩子的愿望、梦想和恐惧，并影响到未来的决定。

各位亲爱的家长，我们就是孩子精神结构的源头，是我们一点点浇铸孩子的胆量、热情、能量和梦想，只有我们更快地成长，才能满足孩子日新月异的精神需求，让孩子站在我们的肩膀上，看得更远。

（3）电影院的目光交流

孩子有能量有想法了，我们也需要给他创造更多的机会，让他能够在公众场合和陌生人进行眼神的交流和互动。

因为孩子真正上台时，不论孩子拥有多么活泼的性格、有爱的家庭氛围和有价值的观点，他都会遇到一个词叫作"紧张"。

别说孩子了，就连我们在公众演说的时候都会紧张。我们没有办法从根本上解决紧张，因为紧张是人类在面临危险时的一种自动的应激反应。

当处于陌生的环境或面对陌生的人，或者是自己讲的内容不熟悉，都会让孩子紧张。孩子站在台上最不敢做的就是盯住别人的眼睛，眼睛都不知道看哪里。如何在陌生的环境里和陌生的人眼神互动交流，是孩子胆量提升的第一步。

我们首先有意识地引导孩子跟别人说话，去看对方的眼睛；其次增加孩子的眼睛与陌生人互动的机会。给大家分享一个方法。

我有一个朋友，他训练他的孩子和陌生人互动的方法就是带他的孩子去电影院，每当电影散场的时候，他和孩子一起站在电影院的出口处，用眼神迎接每一个人的注视。一开始，他儿子觉得他们像是外星球的怪人，不太愿意配合，后来他发现和爸爸练习了几次后，胆子越来越大了，眼睛看向别人的时候从一开始的闪烁到目光平和地注视。

在陌生场合，让孩子增加自己和陌生人眼神互动的机会。想要孩子演说不紧张，并不是在临场深呼吸就能够缓解，而是在生活中的每一个场景中不断刻意练习。眼神的坚定，会反映出孩子内在有多平稳。

除了孩子胆子小不敢上台，在演说路上另一个拦路虎就是容易放弃。那么如何培养孩子在演说上的坚毅品质？

② 练坚毅：永不放弃

有些家长不清楚孩子对什么感兴趣，多半因为没有给孩子太多的机会去尝试和寻找，寻找和试错阶段有着极其重要的价值。

（1）找到孩子愿意坚持演说的方向

体育心理学家在研究儿童和青少年时期中发现，在专攻一项运动之前，尝试过不同运动的运动员发展会更好。早期的广泛尝试，会帮助运动员确定哪项运动更适合自己，跳过这个阶段尝试的人，虽然早期的竞争优势会明显，但是后期倦怠的可能性会更大。

这对孩子来说也是一样，广泛的尝试很重要，孩子更在意是否有趣，我们一定要让孩子找到自己的兴趣。如果你代替孩子去寻找他爱做的事情，那么孩子放弃的可能性就会很大。

2013年，宾夕法尼亚大学心理学教授Angela Duckworth在TED论坛发表了关于坚毅的演讲，她的观点给我们很多启示。

Angela家里有一条家规：难事原则。孩子们可以自己选择感兴趣的"难事"，但要承诺坚持一段时间。在这个时间段内，不能放弃，之后可以选择退出或继续。她的大女儿在多年里先后尝试了芭蕾舞、体操、田径、手工及钢琴之后，最终在中提琴上坚持了下来，而且兴趣一直在增加。这个兼顾了坚持和兴趣的"难事原则"，我们可以试试。

（2）帮助孩子精通一个演说力的子技能

什么是子技能？把演说力的整体表现专注到一个非常小的方面，设立一个改进目标。把这小的方面划分成更小细粒度的子技能，通常情况下，更细粒度的子技能学习法是构建技能的最佳途径。

著名导演卡梅隆就善于将大任务分解成众多小任务，并且他在每一个小任务当中，都在重复练习。在拍摄《阿凡达》影片时，他让团队描绘出整个潘多拉星球的生态环境，卡梅隆手绘了30多张外星动物的效果图，交给动物专家去修正不符合科学的细节，反复地修改后定稿。

他还在语言方面找来语言学家，专门为这个星球的人创造一种语言，并要求配音人员学会，并且卡梅隆电影主创团队甚至制作出一本200页的书《阿凡达潘多拉星球生物和社会史机密报告》，专门介绍他们创作的潘多拉星球。

正是源于小任务的不断研究和练习，才使得某一个技能不断完善，带给观众卓越的感受。不断完成小任务的感受，就像玩《超级玛丽》游戏的体验：一个个由易到难的关卡，通过一个，就给玛丽一个蘑菇，蘑菇就让玛丽变大一点，使她更有能力克服障碍，最后成功到达终点。

小技能上的成就，像是声音的起伏、目光的互动与交流等会不断激励孩子不断向前。

具体怎么做呢？我们可以先选一个主题，比如说孩子的个人介绍、感兴趣的主题发言等，带着孩子一起全神贯注地投入，设定一个技能，这个技能可以是"抑扬顿挫地讲故事"。

子技能确定后，就开始练习声音的抑扬顿挫。孩子开始给爸爸妈妈讲故事，爸爸妈妈只对孩子的声音进行点评；再到给身边的同学讲故事，让同学感受一下故事里声音的起伏；再到在家庭聚会时给大家讲故事，着重让大家感受声音的变化。

帮助孩子用一个月的时间打磨声音，积极寻求外界的反馈，不断地在反馈中前进，直到孩子在这个子技能上感觉有自信。

如果孩子不断地完成子技能，他收获的不仅是大家的掌声，更多的是来自内心的自信和演说的成就感。自信比什么都重要，会让孩子在演说的路上持续地走下去。

（3）和孩子一起培养成长型心态

什么是成长型心态呢？就是面对失败和挑战，认为自己可以做得更好。亨利·福特曾经说过："不管你认为能或不能，你总是对的。"成长型心态是相对于固定型心态的人来说的，固定型心态的人遇到失败时，他们会觉得"我就知道我不行，我做不好，很难"。

成长型心态是如何形成的呢？被鼓励的孩子就会拥有成长心态，被表扬的孩子就会拥有固定型心态。孩子说："妈妈，很难，我不会做。"固定型心态的妈妈会说："你看你这么简单都不会，我跟你说了几遍。你刚才有没有在听啊？你脑子去哪儿了？"

而成长型心态的妈妈会说："我看到你刚才思考了一小会儿，觉得有点难是吗？你先想一想，是不是可以想出一小步，不需要全部解决。"当孩子相信改变真的可以发生，就会拥有成长型心态。我们的引导方式至关重要。

孩子成长中遇到的困难，演说遇到的挫折，我们解决的方式拉开了孩子与孩子之间的差距。演说的旅程就像赛跑，开始每个人都意气风发，唯有力竭时，才能看出差距。而这种差距不仅仅是孩子能以多快的速度跑完全程，更重要的是，孩子以什么样的姿态到达终点，而这一切，都是因为你。

练习工具 ›

每一个孩子都是超级英雄

如何在生活中不断给自己和孩子能量，让孩子在演说的路上披荆斩棘？我推荐"三座灯塔"，它将带领我们朝着目标前行。

灯塔一：对标英雄人物

晚饭后林悦和妈妈走在散步的路上，两个人都在找自己心目中的英雄。约定找到之后，说一说为什么喜欢，再确定自己的目标。

妈妈说她的英雄人物是李欣频，因为李欣频大量的阅读、看电影、旅行，给李欣频的学习、工作、生活带来了不同视野的力量，所以妈妈也想像李欣频一样，多做积累，决定每个星期看完两本书后，和林悦讲里面的故事。

8岁的林悦喜欢的偶像是詹青云，因为特别爱看《奇葩说》，林悦不知不觉就喜欢了这个旁征博引、英姿飒爽的女孩子。林悦说："妈妈，我有一天也想像她那样，舌战群雄。"妈妈听了，说："好啊，我们都朝着英雄看齐。"

回到家后，在书房里，两个人都找到了李欣频和詹青云的照片，打印出来后贴在书桌上、冰箱上、化妆镜上，时刻提醒着自己的目标。

灯塔二：英雄附体，所向披靡

我们想一想，假如我们就是心中的超级英雄，有时是站在公众面前语惊四座地辩论和表达想法，有时是在不同国家的大学里面去感受顶尖学者的风采，有时是在别人有困难时我们挺身而出，有时能带领着朋友们感受不同领域的精彩。

愿景都是美好的，当这些细节越具体，我们就越能感受到英雄在心中的力量，那是种我本俱足的力量，是我本来就可以的力量。

那种从骨子里生长出来的力量，我们从小就要让孩子体会到，这是我们与生俱来的能量和能力，它就在我们身体里，我们看见了，就无法忽视。

灯塔三：身份的觉醒

身份从精神领域来阐述，就是一个人认为他自己是怎样，以及努力做到这样的人。当一个人被赋予"身份"之后，就会开始思考这个身份应该思考的问题，去学习相应的能力，做出相应的行为。

这是一个奥秘。知道了这个奥秘有什么用？太有用了，每个孩子心中都有一个英雄梦，当我们不断认同孩子是自己的英雄，告诉孩子"你是自己的光荣，是自己的倚仗，更是自己的英雄"，唤醒他的英雄气质，他就会学习英雄的能力，他自然而然拥有英雄的格局和气势。这是身份带给孩子的精神能量。

古往今来，有多少英雄人物的公众演说扭转了人们对自我的认知？2500年前，伯里克利在阵亡将士葬礼上的演讲，第一次谈论了历史上最重要的信念：自由、宽容、爱好美丽、爱好智慧。1863年，林肯在宾夕法尼亚州的葛底斯堡国家公墓揭幕式上发表演说，阐述民有、民治、民享。1963年，马丁·路德·金在华盛顿林肯纪念堂发表演讲，他说，我有一个梦想。

　　让我们和孩子一起感受这些历史上英雄的声音，和英雄的精神频率共振。英雄的声音会在孩子的耳畔回响，心中回荡，从而让他感受到英雄的力量，让他在演说的路上无惧，亦无畏。

第三章

如何营造孩子的演说环境

　　真正爱演说的孩子心里有爱，眼里有光，好的家庭氛围就是孩子爱演说的土壤。

第1节

爱的语言，让孩子爱上演说

> 爱首先是一种自我完善，不是单方面的牺牲，也不是单方面的索取，爱是既关注对方的需要，也关注自己的需要。当我们双方的需求都得到满足，当我们共同成长，连接就发生了，爱开始流动起来，夫妻之间如此，父母和子女也不例外。
>
> ——M. 斯科特·派克《少有人走的路》

一位老人瘫坐在公园的椅子上，像被人抽去了灵魂般，嘴里不停地念叨着什么，一边喃喃自语一边抹眼泪。他刚刚失去了相伴多年的老伴儿。一个小男孩看到他哭得伤心，跑过来，爬到老人的腿上，静静地坐在那里。奇怪的事情发生了，老人一下子就觉得好了很多，情绪也稳定下来。后来，小男孩的妈妈问他对老人说了些什么，男孩答道："我什么都没说，只是帮他哭了。"

不止这个小男孩能够和这位老人共情，大多数孩子很小就能有共情的能力，很多两三岁大的孩子也会做出安慰他人的举动。

还记得有一次我和Mike爸爸因为学区房资金的问题吵架，他站在那里用手指着我，说我说话不负责，我说我已经很努力地在筹了，但是没筹到那么多啊，忍不住说着说着就哭了，才23个月的Mike不知道什么时候走到我旁边，用一只小手轻轻摸着我的脸，两个小眼睛特别单纯地看着我，说"别哭了，别哭了"。

当Mike在轻轻摸我脸的时候，我真的觉得他在轻轻地抚慰我的心，当时我的心情就好了很多，很治愈。Mike说完后就一直站在我的旁边，不出声地陪着我。Mike爸爸看到Mike这样，也没再说什么了。

在生活中，也许我们有过很多这样的时刻，我们会看到孩子可能会把自己喜欢的零食、玩具放在其他小朋友手中，并用小手拍拍别人表示他的关心。如果我们能珍视孩子这样的行为，并且能够成为孩子的榜样，孩子的共情能力就被我们强化。这里需要说明的是，共情能力不是同情心，而是同理心。同情心更多的是怜悯对方，而同理心是站在对方的立场感同身受的理解。

举个例子，某人陷入一个很深的地洞里，站在底部大喊："我被困住了，这里好黑，我快受不了了！"有同情心的人会说："下面好黑吧，不要害怕。"有同理心的人却能够爬下来，和他站在一起，说："我知道这下面是什么样子，你并不孤单。"

所以我们能够感受到有同理心的表达让人更温暖，是一种爱的语言。以下是儿童发展心理学家William Damon（1988）对从婴儿期至青春期的儿童共情能力发展变化的分析。

婴儿早期：对自我的情感和需要之间的边界很清楚，但不能区分自我和他人的情感与需要。

1~2岁：能够将辨别他人悲伤的情感发展为真诚的关心，但还不能将这种情感真实地转变成有效的行为。

儿童早期：意识到每个人的观点都是独特的，不同的人对同一情境会有不同的反应。借此，儿童会对他人的悲伤做出更适当的反应。

10～12岁：发展出对处于不幸困境中的人——穷人、流浪者及残障人士的共情。到青春期，这种共情能力将对个体的意识形态和价值观念带来人道主义的色彩。

我们会发现，随着孩子长大，共情能力的发展会因为个体差异区别很大。有共情能力的孩子的表达会让对方感觉舒服温暖，如沐春风，也会发现有的孩子太过自我，一说话就让人感觉太自私。

美国的著名心理学家安东尼·比格兰说："孩子不够温暖，一切的根源，来自家长、每个成年人。"有些家长为孩子提供的社交环境很自我，如果有好吃的第一个给孩子，不顾家里还有其他长辈在；或者自己在图书馆大声打电话，不顾别人的感受，等等，这样成长环境下的孩子，估计怎么也温暖不了吧。

如何让孩子的表达更有同理心，能说得出爱的语言呢？

① 爱的语言像一只隐形的水桶

《你把水桶加满了吗》说的是每一个人都有一只隐形的水桶，这个水桶只有一个用处，就是装你对自己的好想法和愉快的感觉，当水桶满的时候，你会感到幸福和快乐，当水桶空的时候，你会感到孤单和难过。

怎么让水桶装满呢？当你表达你对别人的关爱，说了温暖的话，做了友善的事，你就是加水人，加水人在装满别人水桶的同时，也能装满自己的水桶，如果想当一个加水人，在每天的开始，可以跟自己说："今天我要做些事情来装满别人的水桶。"在每天结束的时候，问一问自己："我今天是不是装满了一个水桶？"

但如果你对别人说了难听的话，做了让别人感觉难受的事情，或是忽视别人时，你就是一个舀水人，舀水人的水桶是空空的，他们以为舀空别人的水桶就能装满自己的水桶，但是根本不管用，如果舀空别人的水桶，自己的水桶就永远也装不满，舀水人自己也会很难受。

故事很简单，却蕴含着深刻的哲思。如果我们和孩子都能够成为加水人，就能给别人加水的同时，也给自己加满水，建立情绪的安全感，我们就能更有效地处理冲突，发展我们梦寐以求的亲密情感。

我们给予孩子爱，我们和孩子都会感到幸福，如果孩子也能学会给予爱，每天向别人表达善意，传递爱的力量，他的内心也会更有爱和力量。对孩子来说，比外在成就更重要的是他的内心有没有感受到快乐和价值感。这其实就是孩子幸福人生的指南。

可是在真实的生活中，孩子正在玩的玩具忽然就被别人抢，大人老是逼着孩子多吃点饭，孩子提出的新游戏没人理会，想多看会儿《小猪佩奇》大人就是不同意，晚上睡觉前还想多玩一会儿，遇到陌生人不是很想打招呼。

在这个世界里，孩子时刻都在准备着战斗、逃避，又或是麻木。所以，我们需要和孩子一起来实践爱的语言，互相给予，互相滋养，让孩子感受到，即使有太多的压力，太多的风暴，爸爸妈妈可以和他一起面对人生的风暴，这种感受会让孩子真正拥有归属感。

孩子一旦内心有了稳稳的价值感和归属感，他就是一个加水人。我们该如何和孩子一起实践爱的语言呢？

② 温暖的力量：实践爱的五种语言

盖瑞·查普曼提出，"爱的五种语言"是关系建造中最有影响力的一种语言，无论亲子关系还是夫妻关系都适用，只有学会理解对方爱的语言，我们才能智慧地往对方水桶里加水，对方才会有被爱的感觉。

这五种爱的语言是什么呢？

爱的语言之一：肯定的言辞

马克·吐温曾说："一句肯定的话，可以让我活两个月。"肯定是一种鼓励，而不是表扬。表扬会让孩子越来越期待我们对他的评价，而鼓励是爱的连接，是信念的传递，是力量的给予，是真正爱的表达。鼓励需要同理心，是从对方的观点来看这个世界。

所以，我们必须学习，对于对方来说什么是重要的，只有这样，我们才能给予鼓励。比如我们可以尝试说："我明白。""我理解。""我在意。""我跟你在一起。""我能帮上什么忙？"我们在努力表明，我们相信他和他的能力，我们给他认可和肯定。

当我们经常这样跟孩子说得多了，孩子会模仿我们的语言，在他的社交环境中使用起来。想要孩子变成什么样的人，我们先成为那样的人就可以了。

爱的语言之二：精心的时刻

精心的时刻不是花心思给对方惊喜，而是给予对方全部的注意力。我们可以和孩子约定一段时光，这段特殊时光中，我们全身心陪伴着他，保持目光的接触，做游戏，安静地听他说在学校的经历，一起散步边走边谈，而不是偶尔看看手机上的微信朋友圈、接个电话。

关注孩子的感觉，孩子是最敏感的感受者，所以当我们不断地关注孩子的感受时，孩子会觉得被我们理解和接纳，进而也能够理解我们的感受。我们只有先理解对方的感受，才有被对方理解的可能。当我们不断关注孩子感受时，也是在给孩子一个信号，就是我在关注着你，我十分在意你。

孩子也会慢慢习得分享感受，当与小伙伴沟通时，能够关注小伙伴的感受，会让对方感觉很舒服。我们可以从建立每天的分享时间开始，在分享时间里说各自发生的一两件事，以及对这一两件事的感觉。

爱的语言之三：接受礼物

礼物是一种你可以拿在手中，说"你看，他想到了我"或"他仍记得我"的东西。礼物本身是思念的象征，是否值钱不重要，重要的是你想到了对方。

可以引导孩子为他喜欢的人送礼物，可以是买的、找到的或者自制的。孩子在路上看到的一片特殊形状的叶子、一片有趣的鸟类羽毛送给对方，都是一种爱的表示；甚至可以让孩子准备一本"礼物点子笔记本"，有好的想法都可以记下来去实践。

爱的语言之四: 服务的行动

服务的行动，主要是对方想要你做的事。我们可以问问孩子，希望爸爸妈妈为他做哪些事，这些事会让他感受到爱。比如孩子希望"他不想吃饭时就可以不吃""希望爸爸妈妈同意他可以在小伙伴家住一晚""希望能够多玩一会儿""希望能有一盒蜡笔"。

如果我们可以满足孩子的想法，孩子会感觉自己被爱，被我们重视。同样的道理，当孩子希望结交好朋友时，建议孩子为对方做一些服务，让对方感觉到孩子的友谊和真诚。

爱的语言之五: 身体的接触

身体的接触是建立爱的有力方式。一个温柔的拥抱，可以很好地向孩子传达爱。我们的任何部分都住在身体内，触摸身体就是触摸我们。孩子之间哪些是好的触摸呢？比如握手、拍肩、拥抱。

当我们以身体的接触作为一种爱的表示，它就可以到达孩子的心灵深处。慢慢地孩子也可以在小朋友伤心时轻轻抚摸其背部表示

安慰，在开心时可以和小朋友拥抱表达感情。这样爱的语言既温暖又有力量。

练习工具 ›

视觉化爱心树

在家里，我们可以做一棵爱心树，时时刻刻提醒我们去实践爱的五种语言。

第一步：提示爱的语言的力量

用一张30×50厘米的卡片，写下下面的句子，可以贴在经常看得见的地方，比如梳洗台的镜子上，或是洗手间里："说肯定的语言！说肯定的语言！说肯定的语言！"

第二步：实践练习爱的语言

设定每个月有一周，每天和孩子互相都至少说一句肯定的语言。星期一说："你能把垃圾捡起来放进垃圾桶，真好。"星期二说："谢谢你把晾干的衣服帮妈妈拿进来。"也鼓励孩子每天都跟你说一句。

第三步：制作爱心树

在100×100厘米的大白纸上画一棵爱心树，和孩子一起记录每天说的鼓励的语言，这样日积月累，爱心树上结满了"爱的语言"的果子。无论我们是在什么状态下，当我们和孩子站在这棵树前，总会感到力量满满。

父母的爱是孩子安全感的来源。一个一天到晚在冲突不断的家庭中生存的孩子，长大之后很难处理自己的情绪，一说话就让人感觉不舒服。而如果孩子能够长期在爱的环境里，与我们互相传递爱的语言，他就可以把爱内化在心中，他的演说自然也会很温暖。

将来，即使独立生活，当孩子遇到焦虑和压力的情况时，也有办法自我安抚。同样，也会同理别人的感受，让爱的语言为对方点亮一盏爱之灯，传递温暖，赋予勇气。

第2节

两个语言习惯，让孩子内心更有力量

> 孩子是最坚忍的人群，他们还不懂得用逃脱抵制痛苦，也不懂得用宣泄反抗折磨，他们只能伸着冰凉的小手小脚，甚至根本不会有人察觉到他们久久不能平息的心悸，所以我总是想，孩子是可怜又可敬的。
>
> ——张悦然《樱桃之远》

说到标签，我想起学员雅琪跟我说过她小时候的故事，心里闪过一丝心疼。

"你怎么这么笨啊，这道题讲了几遍，你还不会，老是错，你脑子都在想什么？你说你上课有没有专心听？"雅琪最害怕的时刻又到了，每次晚饭后，她爸爸就要给她检查作业，她跟我说她真的努力在写，但就是老出错，一出错她爸爸就骂，她到现在还记得她爸爸坐在小竹椅上，眼睛斜着瞪着她，一只手指头戳着她的脑门，戳得她站不住，向后退了两步。

她说她当时被骂得眼泪直滚，觉得怎么就这么笨呢，就是不会做啊。她爸爸看她不说话，更来气，继续骂："就知道哭，哭有什么用？

哭能解决问题吗？你说你下次要怎么办？再要错怎么办，你自己说！"她说她爸爸盯着她，像盯住一个脸上写着穷凶极恶的罪犯一样。

她说不知道怎么办，唯一知道的就是害怕做数学题。爸爸说她笨，她也觉得自己好笨，要不然怎么从小学五年级开始补习数学，一直补习到高中呢。

她爸爸给她贴的这个标签就像一个烙印一样，跟着她长大，直到现在，她看到跟数学相关的事情就下意识地逃避，现在她老公也常常开玩笑说："你数学是体育老师教的吧？"他无心的一句话，却戳到她童年的痛处，让她瞬间沉入自卑的汪洋大海里。现在雅琪在做微商，跟别人私聊都很好，但是让她在群里分享，她一直不愿意，因为她内心的自卑让她害怕出错。

其实，最让我们难过的，不是陌生人的诋毁，而是亲人对我们的伤害。原生家庭带给我们的伤害，只能自我疗愈。我们这一辈也已经是孩子的原生家庭了，想想我们最经常说的话是什么？这些话是让孩子感到越来越胆小，还是越来越爱表达？

在负面标签里，孩子感觉达不到父母的期待，觉得自己没有用，他们当时不会有这样的觉知，但是这样的念头会深入他的潜意识中，伴随一生。心理学家荣格曾说："你的潜意识指引着你的人生，而你称之为命运。"

我们的每一句话都有力量，都会影响孩子对自我的认知，他会从我们的语言中感受自己是无力还是有能力的人，是处在鼓励表达还是压制自我的生活环境里，他到底是看着我们脸色求生存还是能够不断解决问题求发展。

改变了我们的语言，就改变了孩子的世界。我们负面标签化的语言不仅让孩子自卑，不敢在公众面前表达，也会妨碍我们去了解孩子。我们如何能够撕掉负面语言标签，改变语言能量，让孩子的表达拥有无限可能呢？

① 语言习惯一：清除语言标签

我们回到雅琪的例子，试想如果在雅琪刚开始接触数学时，她一定会有做对数学题的时候，并不是每道题都错。

雅琪的爸爸只关注雅琪做错的地方，而没有关注她做对的那些题。如果时光可以倒流，雅琪的爸爸能够说："虽然你错了几道题，但是你做对了这么多题，你真是聪明的孩子，爸爸感觉很骄傲。"那雅琪是不是很开心，更有自信呢？

如果雅琪的爸爸经常能关注到雅琪做对了什么，在错的那些题中鼓励雅琪自己找方法，雅琪一定会越来越自信，命运也一定会被改写。

可惜时光不能倒流，我们能做的就是珍惜当下。我们教育孩子时，如何能够从负面的语言标签里走出来呢？下面给大家介绍转换语言能量的两个步骤。

第一步：反思自己常用的负面标签，找到对应的正面标签

比如，笨对应的正面标签就是聪明，调皮对应的正面标签是乖巧，不听话对应的正面标签是合作。

第二步：找出与正面标签的关联事件

比如说你觉得孩子很顽皮。找到对应的正面标签是乖巧，再联想到的关联事件是孩子早上起床看书，所以你会感觉孩子也不总是顽皮的。比如孩子不配合吃饭，正面标签是主动吃饭，你想到的关联事件是他饿的时候吃得很尽兴，所以你会感觉到孩子吃饭不会总让你感到烦。

慢慢地，你就会发现我们总是把关注力放在孩子的缺点上，当我们负面强化的时候，我们的眼里只有孩子的缺点，孩子总是被我们说这里不好、那里不好，自然也没有自信去表达自己的想法。

著名心理学家阿尔弗雷德说："鼓励表扬，在养育孩子的过程中，比任何方面都重要。孩子几乎所有不当行为的原因，都可以认为是缺乏适当的鼓励表扬。"

所以，慢慢觉察自己语言中的负面标签，觉察后，立刻找对应的正面标签与关联事件，改变自己的表达方式，帮助孩子建立自信，让他敢于多表达自己的想法。

② 语言习惯二：使用高能量词语

9岁的杨洋参选下半学期的班干部，最后落选，特别难过。这个竞选杨洋准备了好久。

放学回到家，杨洋低头丧气地说："妈妈我没选上。"

妈妈说："怎么会没选上呢？在家不是练得好好的吗？你肯定

紧张了吧，还是说话结结巴巴？”

杨洋不想说话。妈妈想安慰一下："落选就落选吧。"结果杨洋忍不住"哇"的一声哭了出来。

妈妈说别哭了别哭了，哭也不能解决问题啊。杨洋烦躁地一溜烟跑到自己房间，再没出来。

妈妈本来是想安慰杨洋，结果越安慰，杨洋越难受。我们看杨洋妈妈说话的关键词里面有"紧张、结结巴巴、落选、哭、问题"，这些关键词都很低能量，听上去感觉就不好。

马歇尔·卢森堡在《非暴力沟通》中说："也许我们并不认为自己的谈话方式是暴力的，但我们的语言确实常常引发自己和他人的痛苦。"

我们在日常生活中跟孩子交流时，使用不同能量的词汇会带给孩子不同的感觉，而我们的潜意识会识别和处理每一句话的关键词。

消极的语言，就会带来较低较重的振动和能量，而积极的词语会产生更高更轻的振动和能量。举个例子，当我们跟孩子说没问题，孩子会听到什么呢？他会听到的是问题。

我们再试试看，现在你不要想那个红色的大象，不要动，不要哭。我们在强化什么？其实都在后面的那个关键词上"大象""动""哭"。

我们改变负能量的关键词，比如把"问题""坏"变成"机会""挑战"和"兴奋"相似的词语。改变了语言，就会改变环境，孩子的潜意识也会关注更加积极的层面，所以，正面的语言会让孩子内心有力量，想表达更多。

举例：

这太难了→这不简单

妈妈没钱→妈妈不富有

我害怕→我没有勇气

我病了→我不是很健康

太差了→不太好

别担心→你会好的

我忘了→我记不得了

太难了→我正在寻找解决的方案

别哭了→没关系

孩子哭了，我们经常会说"别哭了"，但是比起别哭了，"没关系"能让孩子更有表达和宣泄情绪的可能。只是一句话的改变，就会改变孩子的感受，他愿意表达更多内心的想法。

你的每句话都很有力量，对孩子，也对你自己。

如果我们每天睡前内省一下，今天说了哪些负面语言，提醒自己转变，当我们越来越快觉察自己负面语言的时候，也就越能不断使用正面语言，更重要的是，这种潜移默化的语言习惯会影响孩子。

我们的语言，是我们给予和接收到的一份礼物，我们有能力使自己和孩子对生活和自我的感觉更好，创造更有能量的语言环境。

特殊时光的"表达三明治"

　　每一个人都有被别人的语言伤害过的体验，虽然我们很想要温和而坚定地引导孩子，但也很难保证孩子不会被我们的语言伤害。

　　看到孩子把花盆里面的土弄得到处都是；看着孩子拿着紫色画笔在沙发上乱画一通；看着孩子把洗衣粉全部倒在阳台上，还不停地踩来踩去，我想大多数妈妈还是会气得咆哮："你看看你都做了什么！"

　　孩子也会被吼得一脸懵，心想我就是想玩一玩，妈妈怎么这么生气。正如白天不懂夜的黑，你再好的脾气也有失去耐心的时候。

　　所以每天可以设定一个特殊时光，在这个特殊时光里，我们和孩子一起做个沟通练习，我把它叫作"表达三明治"，它会让孩子和我们的关系更融洽，让孩子感受到我们的爱，孩子的内在环境安全了，表达也就更自由。

　　具体怎么做呢?

　　① 你喜欢对方哪些地方？或者是你认为对方在哪些地方做得很好？

　　② 你希望发生什么事能够让你感到被支持?

　　③ 总结感受，表达感激或爱。

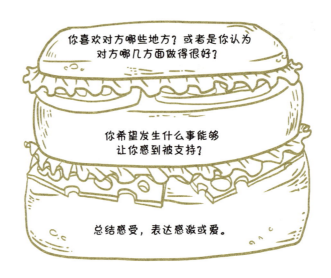

比如在睡觉前，我们可以跟孩子说："妈妈想和你聊聊天，我们来说一说互相喜欢对方的地方吧。"

孩子版：

① 你喜欢妈妈哪些地方？你觉得妈妈今天在哪些地方做得很好？

② 你希望妈妈做什么事情让你觉得很开心，能支持和鼓励你？

③ 今天一天我们过得都非常的××，我爱妈妈。

当这一轮对话做完之后，我们就可以反过来。

妈妈版:

① 我喜欢你的这些地方，我觉得你今天在这些地方做得很好。

② 我希望你能够××，这样能让我觉得轻松一些，这样我们都会很愉快。

③ 今天我们都过得很××，也很开心，我爱你，宝贝。

倾诉和互相鼓励是很好的疗愈方式，会让我们慢慢认识自己。我们越能认识自己，也就越有勇气去表达自己的观点。

第3节

触发孩子主动社交表达的三个方法

> 一个人的受欢迎度不是天生的，而是可以通过后天学习和训练获得的。你需要用符合孩子个性的方式，尝试跟孩子一起改变，不断激发他的社交主动性。
>
> ——康妮

"感觉我们家孩子不太爱说，我也不知道跟他该聊些什么。"我经常听到家长这样说。如何和孩子聊天，这的确是一个技术活，在有质量的聊天中，会不断激发孩子的思考，为孩子的演说积累素材。

怎么让孩子能够主动说说自己的想法呢？

1 传球游戏：你来我往的对话

可乐爸爸在我的家长课堂上说，他有时候和孩子对话，感觉很吃力。比如下面这段：

爸爸："今天幼儿园有什么好玩的？"

可乐："没什么好玩的。"

爸爸："那今天中午吃了什么？"

可乐："萝卜和肉。"

爸爸："那不错啊！"

对话戛然而止，爸爸感觉很尴尬，但又不知道如何聊下去。

好的对话其实就像一场非常放松的沙滩排球，不止是简单的来来回回，反反复复。任何人都不可以抢球，好的球手知道如何传球，也会让对方能够更方便地接到球。所以球的掌控技术十分重要。

我们在跟孩子聊天时，常常聊着聊着就把天聊死了。如何聊天才能让孩子表达得更多呢？

美国心理学家James Dobson博士提到训练孩子跟别人对话的好办法：用传球来做游戏，训练"你来我往"的对话能力。传球游戏是触发孩子主动社交表达的第一个方法。

《所谓会说话，就是会换位思考》也有类似的观点："谈话是邀请别人与自己互动，是一次平静的、平和的情绪或信息交换。"家长在和孩子沟通时，要首先以身作则，每一次跟孩子的聊天要提供有价值的信息。

比如家长提一个问题："你喜欢上幼儿园吗？"

然后家长把球扔给孩子，孩子接过球，如果孩子只是说"喜欢"，那么球只能停在孩子手里，不能再传给家长。

但是如果孩子说："喜欢，因为幼儿园很有趣。我喜欢画画和跟别的小朋友一起玩。"那么孩子就可以把球再传给家长。

　　接下来要跟孩子说的话就很关键，家长可以这样说："为了把家长的谈话继续下去，我会把球传给你，并问：'你最喜欢哪个小朋友？'如果你回答：'余飞扬。'那么你又不能把球传给我了。但是如果你说：'我喜欢余飞扬，因为他很勇敢，摔倒了都不哭。妈妈你最喜欢谁？'那么你就可以把球传回给我。"

　　这样引导孩子能把球传给家长，是因为孩子在对话中延伸了更多的信息，让孩子明白这个传球规则就是为了让家长能进行谈话，直到这个话题结束。这个游戏的规则比较简单，玩几次孩子就会了。在生活中，家长也要有意识地引导孩子能把球传回来。

② 提前准备：开启温暖又有趣的对话

　　第二个方法是提前准备有趣的内容。我们如何开启一场温暖而又有趣的谈话？建议预先准备以下内容：

　　① 空闲时间，自己真正喜欢做什么？

　　② 最近读了什么好玩的或令人发笑的东西？

　　③ 孩子做了哪些懵懂的事情？或者做了哪些有趣的事情？

　　④ 假期去哪里比较好玩？

　　……

　　这样就可以开启有趣的谈话主题了，更重要的是要将谈话重点转移到孩子身上，鼓励孩子谈论自己感兴趣或热衷的事情，让聊天的大部分内容都是孩子在谈自己。

　　当家长在侃侃而谈时，孩子就会模仿家长。让孩子准备些有趣的话题也同样重要，比如"最近有什么有趣的事情发生""去过的一个好玩的地方""最喜欢的一个人"，等等。

所以，家长想让孩子成为什么样的人，只要家长先成为那样的人就可以了。

❸ 优势引导: 发现孩子的兴趣

第三种方法是发现孩子的兴趣。心理学认为，兴趣是一种情绪，而情绪是人类进化出来的一种生存工具。而这种情绪能够穿过百万年的进化留下来，一定是因为其有莫大的好处。

而好的人生，就是在自己热爱的领域努力地玩。我们通过结合孩子兴趣来帮助孩子识字，给识字体验注入游戏和快乐，孩子会乐于参与其中，也会对游戏有掌控感和成就感。

宽宽3岁时很喜欢奥特曼打怪兽的游戏，妈妈就在纸上画怪兽，每个怪兽身上写一个字，让宽宽扮演奥特曼，如果宽宽说出正确的字就叉掉一个，妈妈就扮演怪兽躺倒在地上。每次宽宽答对了，宽宽叉掉一个怪兽，妈妈就立刻倒在地上，宽宽笑得身子乱扭。

宽宽每认识一个字，妈妈就写到本子上。在积累到100个字的时候了，宽宽很自豪地说："我认识100个字了，我要认识1万个字！"

后来宽宽喜欢上了汽车，妈妈让宽宽玩各种模型的汽车，并在各种玩具汽车上贴上对应的字——公交车、消防车、卡车，等等。用各种有创意的方式带宽宽玩: 用汽车蘸上颜料画画；根据《汽车总动员》的情节带孩子做角色扮演；用纸板搭建赛车道，一起玩赛车比赛……

宽宽识字越来越多，到3岁半已经认识了1000个字，还没上小学就已经可以自己在书店里挑书，读大段的故事，在生活中看到各种字幕、广告牌，都试着自己读出来去理解，这给宽宽的生活带来极大的便利，同时宽宽认识的字也经常运用在表达中，口头表达能力很强。

练习工具 ›

笑脸和哭脸

如果我们和孩子的聊天环境是自由宽松的，孩子就会感觉舒适愉悦，内心力量满满，更愿意表达自我，不论孩子的表达我们是不是喜欢，都先尝试着接受，在游戏中锻炼自己和孩子的社交表达的包容度。

给大家推荐一个练习工具：笑脸和哭脸。

第一步: 制作准备

我们先各做一张画着笑脸和哭脸两种表情的图卡，并在图卡上填写"有点儿""特别"两种程度的表现内容，如图所示。

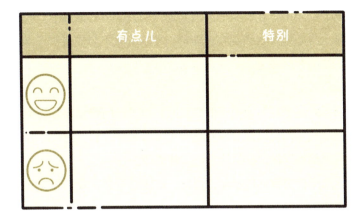

第二步: 戏剧表演

接着我们通过表情和动作传达图卡上的情绪，孩子可以选择说"我不喜欢写作业，因为……"，或者"我讨厌写作业，因为……"。

第三步: 进化升级

我们可以同时做出相应的表情，这时候孩子可以说"我有点儿喜欢写作业，因为……"，或者"我特别讨厌写作业，因为……"。

最后，我们可以复述孩子说的话，把它记录下来，便于以后再跟孩子玩小游戏。

不同的孩子有不同的内心故事，通过孩子的倾诉，眉毛、睫毛和眼皮、嘴角的变化，我们能清楚地读出孩子内心的细节。我们如果不是全身心地投入去观察、理解和接纳，就不会懂得孩子丰富的情感表达的背后藏起来的真正需求。

当我们越来越包容孩子的想法时，孩子任何看似不好乃至可怕的感觉，我们都可以试着像对待一个宝石那样，看着它们，容纳它们，甚至都不分析，只是让它们自然流动。

让感觉自然而然地流动，最终，这份感觉会在我们和孩子的内心开花结果。

第4节

孩子不听话，我们如何演和说

> 必须经过一段时间的放"毒"过程，孩子才会柔软下来。而且在重新和父母亲近的那一刻，他们很容易会号啕大哭，甚至在这个时候发出最难听的咒骂还有身体上的踢打，但随即会重新扑向父母怀抱。
>
> ——武志红《武志红的心理学课》

1 "道高一尺，魔高一丈"地表达爱

"快过来，你这孩子怎么这么不听话，别踩了，身上全湿了。"小区里一位妈妈一把拉出正在踩小水洼的小男孩，小男孩笑得咯咯咯的，一使劲就挣脱了妈妈的钳制，又欢快地跑进去啪嗒啪嗒地踩水，边踩边说："妈妈，好好玩呀！"可是妈妈很着急："你快回来，再不回来妈妈就真生气了。"妈妈想威胁他，可看上去丝毫不管用。

你越说，孩子跑得越快，我们要如何说孩子才肯听呢？

美国心理学家马歇尔·卢森堡说："当语言倾向于忽视人的感

受和需要，以致彼此疏远和伤害时，这种沟通方式会让人难以体会到心中的爱。"想让孩子听话之前，我们也并没有听孩子的话。

小男孩说："妈妈，好好玩呀！"可是妈妈拒绝了孩子的需求，只为了解决自己的焦虑，一个劲儿让孩子回来，觉得孩子不懂事，不知道爱干净，只知道玩。

如果我们这样做，孩子会有怎样的决定呢？孩子会想：原来告诉妈妈真实想法妈妈会生气，没有关心我的想法和感受，我也不用理会我的真实想法和感受了。我以后长大了，得越愤怒、越暴躁才能控制其他人。

你会看到，我们和孩子的关注点完全不同。我们重视规则和秩序，孩子关注自我，喜欢玩和想象。

瑞士著名心理学家皮亚杰认为，从幼儿到少儿，孩子正是通过不同的游戏来感知和适应外部环境的。他把2岁到7岁这个阶段称为前运算时期，又叫作自我中心时期。在这个阶段，孩子都是从自我的角度去看问题，很难从别人的角度看问题。

这也就不难解释，为什么我们反反复复说的道理，孩子们会听不进去，我们说得越多孩子越叛逆，因为他们只听得进跟自己类似的观点。如果这时候我们想赢得孩子的合作，该怎样沟通呢？

既然玩是儿童认知发展的必然阶段，我们就用玩的方式和孩子沟通。《逃家小兔》中的小兔想要叛逆出逃时，兔子妈妈就用语言捉迷藏的方式和小兔子对话，最终赢得了小兔子的合作。

兔子妈妈都是怎么和小兔子玩的呢？我们先来看看故事吧。

从前有一只小兔子，他想要离家出走。

有一天，他对妈妈说："我要跑走啦！"

"如果你跑走了，"妈妈说，"我就去追你，因为你是我的小宝贝呀！"

小兔说完便开始飞快地跑起来，兔妈妈就在小兔身后的不远处追着他。小兔一边跑一边说："如果你来追我，我就要变成溪里的小鲤鱼，游得远远的。"

话音刚落，小兔就变成了一条小鲤鱼，在水里欢快地游。

这可难不倒兔妈妈，她说："如果你变成溪里的小鲤鱼，我就变成捕鱼的人去抓你。"

兔妈妈转身就去准备了捕鱼的网、鱼篓、皮靴子和小兔最喜欢的鱼饵——红萝卜。

小兔又有了一个好主意，他说："如果你变成捕鱼的人，我就要变成高山上的大石头，让你抓不到我。"他爬上了高高的山，像一个大石头一样，一动不动。

兔妈妈带上登山包、防晒帽和登山杖。"如果你变成高山上的大石头，"妈妈说，"我就变成爬山的人，爬到高山上去找你。"

小兔想了又想，不如变成一个小小的东西，妈妈就找不到了。"如果你变成爬山的人，"小兔说，"我就要变成小花，躲在花园里。"

"如果你变成小花，我就变成园丁，我还是会找到你。"园丁是照顾花园的人，总是对自己花园里的花疼爱有加，认识每一朵小花。

"如果你变成园丁，找到我了，我就要变成小鸟，飞得远远的。"小兔又变出了一对翅膀，扑腾几下翅膀就可以飞得很高很高，"这下妈妈肯定找不到我了！"

"如果你变成小鸟，飞得远远的，"妈妈说，"我就变成树，好让你飞回家。"

只见小兔飞着飞着，就遇见了一棵兔妈妈树，这棵树的树叶就像兔妈妈一样，正张开她温暖的怀抱迎接他回家。

……

"如果你变成树，"小兔说，"我就要变成小帆船，漂得远远的。"所以我们看到了一个重复有韵律的句式"如果你变成……我就变成……"，这样一来，孩子会积极地去说出想要变成的新奇的事物，跟妈妈来捉迷藏，如果沟通变成了游戏，孩子就自然喜欢参与。游戏是化解矛盾、抵达亲密关系最有效的方式之一。

当我们和孩子的关系很亲密时，你会觉得孩子像是天使一样，你说什么他就配合什么。同样，孩子感觉被你聆听、彼此温柔陪伴，在充满爱的能量里，身心都会感觉很愉悦。开篇故事中的妈妈如果这样和孩子聊天，在游戏的对话中就能赢得孩子的合作，也能在表达中锻炼了孩子的想象力。

比如，我们可以说："如果你喜欢踩水，我就变成一双小雨靴。"

"如果你变成池塘里的小青蛙，我就变成抓青蛙的人去抓你。"

"如果你变成溪里的小鲤鱼，我就变成小鲤鱼喜欢吃的饼干。"这样让孩子也来试试：你会变成什么呢？

② 孩子不听话，用假设句式来帮忙

孩子越来越有主见，我们跟孩子沟通的能力也要提升上去。我发现，让孩子听话的秘诀，是我们要做好关系的疏通。在疏通过程中，带着爱和尊重，孩子就会喜欢和你交流。

比如，你很有可能正在为孩子的洗澡头疼，因为孩子总是玩水赖着不起来。如果天气不是太热，孩子一直在水里玩，我们担心孩子会着凉，但是强抱起来孩子又会哭。我们不想强迫孩子，又想在尊重他的感受的基础上赢得他的合作，该怎么办呢？

科恩在《游戏力》里说到游戏力的重点是在跟随孩子和主导孩子之间取得一种微妙的平衡。所以我们可以尝试用想象的方式跟孩子玩起来：

妈妈：现在我们来玩你跑我抓的游戏，你想变成什么呢？

孩子：变成小白兔。

妈妈：如果你变成小白兔，妈妈就变成大灰狼来抓你。现在你要变成什么？

孩子：变成小青蛙。

妈妈：如果你变成小青蛙，妈妈就变成大荷叶，让你回家。好了，看看妈妈的大荷叶在哪里，你跳到妈妈的大荷叶上吧。

接着我们可以拿起浴巾，让孩子站到浴巾上。

妈妈：现在我们的小青蛙回家啦。

当给孩子穿好衣服后，我们可以交换角色和孩子玩假扮游戏。

妈妈：我们换着来，你说"如果你变成……我就变成……"，妈妈先开始。我变成大象。

　　孩子：如果你变成大象，我就变成香蕉让你吃饱饱。

　　妈妈：我变成老虎。

　　孩子：如果你变成老虎，我就变成老虎宝宝陪你玩。

　　……

　　如果孩子沉浸在玩耍中，不愿意走出来，你可以试试这种方法。比如孩子在游乐园玩得不想回家，比如孩子在朋友家玩得不想走，等等，我们就来个"你跑我抓，假设如何"的游戏，跟玩孩子角色扮演让他按时回家。

　　你可以为自己的语言配上一惊一乍的声效，游戏会更有趣。当你信任孩子的时候，孩子就会带给你惊喜。

练习工具 ›

假设选择轮

- -

　　在沟通中，你会发现孩子更喜欢听自己的。所以，我们要做的，不是给孩子应用题，而是给他选择题，就是给孩子提供有限的选择，让他体会自己做主的感觉，也会帮助孩子形成独立人格。

　　人生就是由无数个选择组成的，美好的生活也是一种选择。人生无奈，但有选择。和孩子一起制作选择轮，把选择的权利交给孩子。

正面管教课程中我也经常会用到选择轮，在玩选择轮的过程中，孩子会做出自己的选择。能够自己做决定，会让孩子感觉自己是重要的，有价值的。

制作步骤：

工具：两张不同颜色的圆形卡纸，一个双脚钉。

第一步：和孩子讨论如果他正玩得开心，妈妈可以变成什么。

第二步：在第一张卡纸上分割出等分的扇形，把孩子说的答案分别填在扇形里。

第三步：在第二张卡纸上剪出一个扇形的缺口，覆盖在第一张卡纸上，在中心点用双脚钉固定下来，做成一个转盘。

　　当孩子洗澡时不愿意出来，可以把选择轮拿出来，让孩子自己转一转，说出如果他是××，妈妈就变成××，这时再用浴巾包住孩子出来，孩子会很配合。

　　当我们用单一的指令去命令孩子，这是一种偏见，更是粗暴对待生命的方式。当我们从"单一指令"中解脱，能给孩子选择时，跟孩子交流时的愤怒、沮丧、无助就不见了，取而代之的是尊重与欣赏。这时，我们和孩子交流的不仅是事情本身，更是爱的传递。

第5节

掌握"加入伙伴当中"的表达，让孩子更受欢迎

社交性游戏对孩子的大脑能力的要求是比较高的，一般2岁的孩子还没有这些能力。因此，在4岁之前，非社交类的游戏是孩子玩得最多的一种游戏形式。这个时候你孩子自己玩自己的，并不能说明他害羞，只能说明他正常。

——Dr. 魏《Dr. 魏的家庭教育宝典》

❶ 抢着表达自己时，小松鼠是如何解决问题的

小贝壳在小区和几个稍大一点的孩子一起玩。几个大哥哥用好多乱石头在堆砌一座壁垒。小贝壳因为还小，不太懂得游戏规则，把石头乱放，大一点的孩子急了："不是这样的！你好幼稚！"另一个小男孩甚至直接说："你走开，我们不带小孩子玩。"

小贝壳听到后一愣，不再去抓石头，呆呆地站在那里好久，与此同时，这几个孩子继续在玩，小贝壳在游离于外围一段时间后情绪爆发，"哇"的一声大哭："你们为什么不肯和我玩？"一直在那碎碎念"你们为什么不肯和我玩"，然后小贝壳扑到妈妈怀里哭了："妈妈，哥哥不带我玩。"

大哥哥不愿意和小贝壳玩，这种做法给了小贝壳强烈的挫败感，感觉自己被孤立。他用发泄情绪的方式来表达自己的不满，很显然这样的方式并没有获得成功。他跑到妈妈的身边希望获得妈妈的帮助，或者希望妈妈能变成一个"法官"来帮他去融入。

很多孩子也会和小贝壳一样，缺乏社交技巧，但其实这是孩子社会学习的必要准备。《有准备的教师》提及："根据美国国家社会学习委员会1984年的观点，儿童社会学习的目的是增进对社会的理解，积极有效地参与到社会中去。"

问题是如何加强孩子对社会的理解呢？这就需要孩子学习如何加入伙伴当中，给伙伴留下好印象了。我们来看看下面的问题，来确认孩子是否需要学习如何加入伙伴当中。

孩子是否很容易接近一群新认识的孩子？

孩子是否能在谈话当中等待合适的停顿机会再开口？

孩子是否能通过问一个相关的问题来顺利地加入一个谈话当中？

孩子是否在说话的时候能直视对方的眼睛？

孩子是否能先停下来，观察之后再加入伙伴当中？

孩子是否能在伙伴当中顺应形势？

上面小贝壳的问题，是在接近其他人的时候没有先停下来，观察哥哥们玩的规律再加入游戏。社交能力强的孩子可以通过观察对方的反应，来调整自己的社交行为。关于如何加入伙伴当中，给大家推荐一本绘本《不是那样，是这样的》。

森林里发生了一段小风波：建了一半的高塔突然倒了，獾的腿被咬了一口，熊也跑了过来……争吵让原本好好的游戏中断了，獾、狐狸、熊都来讲述事情的经过，可他们说的却都不一样。最后站在树上旁观到一切的松鼠来说公道话了，可是这个公道话让三只动物都不买账，因为照松鼠这么讲，他们三个都有错。最终，松鼠不理他们了，嘟嘟囔囔地扔下一句"你们应该好好听一听对方的话才能互相理解"。

然而松鼠并没有放弃，而是去开启一个新的游戏，争吵的三个小伙伴不再吵了，加入新游戏中。

故事中的獾、狐狸、熊在争吵的时候说得最多的一句话就是"不是那样，是这样的"，这简直就是孩子的翻版，孩子会不自觉地代入故事的情境当中，因为这就是孩子在吵架中常常会用到的句子。

可是如果每个孩子都急于表达想法，这些想法又不能统一，该如何玩到一起呢？我们来看看小松鼠的参与方式，小松鼠先在树上观察了整个过程，接着解释过程，可是小伙伴们都不听，还嫌她多管闲事，小松鼠于是开始搬石头修筑水坝，小伙伴们觉得新游戏很好玩，都加入进来。

我们从绘本中可以引导孩子，在想加入别人的游戏时，别太着急，先等待、观察、倾听，接着可以找一个看起来比较开放和友好的小朋友说说话，也可以什么都不说，只是跟大家一起，也可以说："我能一起玩吗？"没有必要一定要自我介绍，那样反而给孩子们带来干扰。孩子会通过一起玩游戏，慢慢熟悉起来，再互相了解各自叫什么名字。

加入小伙伴当中并不总是一帆风顺，绘本《不是那样，是这样的》中的小松鼠和文章开头的小贝壳也没有很顺利，只是小松鼠找到一个玩新游戏的方法。是不是在遇到社交困难时，都需要想一个新点子呢？也不全是。

《如何培养孩子的社交商》提到，给别人留下好印象的方式需要"自我觉察"，也就是说把自己的节奏调整得慢一些，这样才会理解别人的看法。提醒孩子给别人留下良好的第一印象的三个原则是：保持冷静、等待机会、顺应形势。即使被别人拒绝也没关系，保持冷静，可以找机会加入，也可以自己开始一个新游戏。

② 学会提问，是打破社交僵局的好办法

高宽课程《有准备的教师》中说道："在社会性学习领域，儿童发起的互动对其发展集体意识、进行合作游戏、认识到多样性以及发展道德行为等非常重要，但在处理冲突、制定和遵守规则、参与民主方面，儿童则需要成人的指导。"也就是说，孩子和小伙伴们一起玩耍，是在发展他的社会性学习，但是孩子在参与和冲突中运用到的社交技巧，是我们需要引导的。

我们需要帮助孩子去练习在遇到社交障碍的时候，如何沟通，打破僵局。我们看到《不是那样，是这样的》绘本中小松鼠的方式是建议大家先听听彼此在说什么，所以我们首先要引导的不是孩子怎么说，而是如何听。

听对方表达的含义，看对方的表情和动作，了解对方想表达的意思和游戏规则。在仔细观察后可以和孩子一起头脑风暴：如果这个时候要加入小伙伴的游戏，应该怎么提问会容易被对方接受呢？

比如："我可以一起玩吗？""你们在玩什么游戏呀？""我也想一起×××，可以吗？"

同时孩子也会面临被拒绝的情形，这时候我们需要引导孩子告诉自己"好吧，下次再试试看"，可以选择观看，也可以选择走开，找别的小朋友玩。对孩子来说，他随时有选择的权利。

不管是否被拒绝，孩子只要感受到自己是有选择的，就依然会有自信，因为不管外面的环境如何，自己是可以掌控自己的行为的。他自己就是问题的解决者，感受到这一点，他的信心会重新构建，并且这种潜意识会不自觉地影响孩子未来的选择，让他内心的力量更坚实。

【微案例】

小区游乐场里一群孩子正在玩"捉人"的游戏，乐乐想参加进去。可是这时候孩子们正在疯跑，谁也没有注意到乐乐。乐乐就在一旁看着，也不敢轻易上前，怕被拒绝。等到一个孩子跑不动了，在她身边停下来休息时，乐乐终于鼓起勇气说："我也想一起抓人，可以吗？"

那个孩子说："好，你去抓他们吧，别抓我，我休息一会儿。"乐乐一听开心极了，表情瞬间像绽放的小红花一样。"抓咯"，乐乐开始加入孩子们的"捉人"游戏当中。

练习工具 >

角色扮演"加入伙伴当中"

正如皮亚杰儿童发展理论说的那样，孩子是以自我为中心的，他们以非常自我的观点来看世界。所以只有拥有经验的孩子才会逐渐知道还会有其他的观点，这种经验，孩子不是靠被说教来习得，而是通过游戏的讨论，清楚地表达他们的想法并且聆听其他人的观点而习得。

所以在和孩子玩角色扮演时，专注于那些会引起麻烦的场景，再和孩子一起讨论解决办法。第一轮是家长先做示范，第二轮才轮到孩子体会和感受。

第一轮：

① 布置场景：跟孩子说现在是在幼儿园下课时，有几个小朋友在踢球，扮演孩子的妈妈想加入进去，孩子和爸爸扮演其他的小朋友。

② 清晰示范步骤。

"孩子"先默默地在旁边站一会儿，听听孩子们都在说什么。等球被踢到附近，把球顺势踢回去，问扮演其他小朋友的孩子："我可以一起玩吗？"

⏱ 等待	摆好心态，不急于参与
👁 观察	看看小伙伴需要什么，自己能提供什么帮助
👂 倾听	听听大家彼此在说什么，了解游戏规则，找到合适时机，问"我可以一起玩吗？"

让孩子说："不行，不带你玩。"

"孩子"被拒绝后，对自己说："好吧，那下次再试试看吧。"

于是就去找别的孩子玩了。

③ 跟孩子讨论刚才妈妈所做的步骤，每一步都发生了什么，妈妈是如何处理的。

第二轮：让孩子练习社交技巧

重要的是让孩子在角色扮演前了解每个步骤，如果对方是友善的，孩子复习下家长的回应方式；如果对方是拒绝的，孩子更要复习家长的方式，并练习处理被拒绝的情况。

最后，一定要有正面的反馈。比如："妈妈喜欢你用冷静、清晰的语言来表达你的想法"；"爸爸看到你被拒绝后，自己一个人去玩了，这也很好"；"下次和朋友沟通的时候，可以面带微笑，眼睛看着别人说"；等等。

要相信孩子，他们没有我们想的那么脆弱，让他积极参与，也能勇敢地面对拒绝。心理学家塞德兹说：人如同陶瓷器一样，幼儿期就好比制造陶瓷器的黏土，给予什么样的教育就会成为什么样的雏形。

　　我们教这教那，不如多教他社交技能。因为对很多孩子来说，最难的就是面对社交方面的挑战。不是所有孩子都能这么幸运来训练自己的社交技能，拥有社交技能将会让孩子在演说中更有自信展现自己。

第6节

解决同伴冲突，从学会表达自己开始

> 冲突能够帮助人们去寻找对每个人都起作用的解决方法。冲突可以帮助人们彼此联系。那些介入冲突以及旁观的儿童常喜欢一起寻找对每个人都起作用的解决方法。当冲突调解开始时，其他儿童常聚集在四周，渴望聆听，抑或帮助解决问题。一旦成人对儿童的问题解决技能充满信心，他们常会从儿童认真的反应中发现极大的快乐。
>
> ——《你不能参加我的生日聚会》

① 帮助孩子了解自己，是改变的开始

我曾经考察过一个幼儿园，在征得园长的同意后，在幼儿园听了一天的课，课上讲了什么已经印象不深了，但是其中两个孩子的战争却令我难忘。

莉莉和天天两人都帮老师收拾玩具，收拾到最后一块大的泡沫积木，两人都想由自己还给老师，莉莉大声说："是我先拿到的。"天天急忙拽过来，用手向后推莉莉："不是，是我！"莉莉没站住，

"砰"的一声坐在地板上。

莉莉比较大，一下子爬起来，什么话也没说，上手就在天天的头上打了一巴掌，天天觉得一阵火辣辣的痛，立刻委屈地哭了起来："老师，她打我，我要跟我妈妈说。"老师当时正在忙别的，听到天天哭了，赶紧跑过来了解情况。

等问了莉莉和天天两个人的情况后，老师做了一个决定："你们俩都不要收积木了，积木老师来收。"两个孩子的情绪被憋住了，这下子谁都没的玩了。两个孩子互相埋怨："都怪你""怪你才对""我再也不跟你玩了""我才不想跟你玩呢"。于是，两个孩子各玩各的。表面上一场"热战"结束了，实际上，漫长的"冷战"已经开始了。

孩子的语言表达能力有限，在冲突中很难清楚地表达自己的感受和需求，大都用身体表达感受，比如用打、抢、尖叫、哭来表示沮丧和愤怒。正如我们学习一门外语需要时间，孩子也需要时间来学习用恰当的词语表达自己。

这时候最重要的是去帮助孩子培养解决问题的能力，而不是惩罚，虽然孩子在2岁多已经有了共情能力，但是依然以自我为中心，而且在强烈的需求和情绪下，只会关注自己。所以，孩子需要我们的支持才能去关注和应对别人的感受。

当我们认可、关注并说出孩子感受的时候，我们就支持了孩子的自我意识，进而也支持了孩子对他人的感受和需要的意识。我们应该如何引导呢？从孩子喜欢的绘本开始。

《手不是用来打人的》是一本帮助孩子了解自己的绘本。孩子会发现生气的时候就想要用手打人，但是手是有很多用途的，就像这本绘本的结尾说的:"手是用来帮助人、照顾人的;手是用来保证你的健康和安全的;手是用来与他人友好相处、表达爱的……"

当我们能够照顾自己的情绪,就能让手做很多有意义的事情。这本书的作者玛丁妮·阿加西是一位获奖儿童作家,创作了《手不是用来打人的》这本书,它启发Free Spirit出版社出版了《儿童好品德》系列读物。

玛丁妮·阿加西作为一个行为治疗师,她在学校、社区、看护院以及私人诊所负责过儿童和家庭事务咨询,有着丰富的经验,所以这本绘本在帮助对孩子不良行为的引导上有场景化的借鉴意义。

《手不是用来打人的》在一开始告诉孩子手的样子和功能:手有大有小,形状不同,颜色也不太一样。用手可以做很多事情。比如,伸出你的手,与人握手说说话;挥挥你的手,跟人问好,打招呼;你还可以用你的手画画或写字。但是,有些事,手可不能做。手不能用来打人,因为打人是不友好的行为。

绘本中提示读者思考,打人会给别人带来什么呢?打人不仅会伤害别人的身体,还会伤害别人的感情。打人后请这么说:我很抱歉。那么,为什么人们会打人呢?因为有时候他们感到伤心:皮特从来不和我玩。有时候他们感到嫉妒:我想要那个玩具!有时候他们感到害怕:那个总捉弄我的孩子过来了……有时候他们感到生气:我不喜欢姐姐拿走我的东西!还有的时候,没有任何原因,有的人就是喜欢对别人指手画脚。

你是否也会有这样的感觉?有时候很想打人。但手不是用来打人的。你可以通过其他方式来表达自己的感情。比如:吹口琴、做手工、画画、跳蹦床、抱抱你的枕头、听听音乐。当然,我们还可以用语言来表达。你还能想到更多表达自己情绪的方法吗?

当与朋友发生争执时,该怎么办呢? 可以试着理解朋友的感受,朋友也可以试着理解你的感受。你们可以想办法正确地处理问题。

读完孩子会发现,手之所以打人是因为感受不好,比如感到害怕、焦虑、失望、愤怒等,就想打人了。当孩子有这些坏情绪的时候,该如何照顾自己呢?

② "我"式陈述,是对强烈情绪的积极表达

孩子只有被温柔地对待过,他才会温柔地对待别人。所以在孩子有坏情绪的时候,我们是否能够接住孩子的情绪,帮助他表达,成为解决问题的关键。

我们可以回想一下,当孩子有负面情绪的时候,我们是怎么对待他的? 比如说,在上述案例中莉莉打人的时候,我们通常会说:"你怎么可以打人呢? 你打他,他得多疼! 你怎么能这样做呢?"

这样的询问和沟通,都是以"你"来开头,我们称作"你"式表达。无论是谁使用"你"式表达,都会导致责备的口吻,会让孩子产生更强烈的情绪,孩子也不愿意听你的话,因为他会感觉受伤,觉得你是在攻击他,会让孩子跟我们的距离越来越远。

如果用逆向思维,反过来用"我"式陈述,会让孩子有什么样的感受呢? 我们先来看看如何用"我"式陈述。

"我"式陈述:我感到_____(对情绪命名),因为

_____（描述行为或原因，但不使用"你"）。比如我感到生气，因为打人会带来伤害；我感到害怕，因为跑到马路边是很危险的；我感到伤心，因为玩具被弄坏了。

我们看到在陈述行为的时候，没有说"因为你打人会受到伤害""因为你跑到马路边很危险""因为你把玩具弄坏了"，等等，如果这样说，会让孩子感觉我们把矛头指向他，在指责他的错误，而我们只是描述这样的行为，会让孩子觉得这样的行为是不正确的，而不是针对他。

这样孩子的感受则完全不同，他能感觉到被我们尊重、被我们理解、被我们接纳。孩子的情绪被我们接纳之后，会慢慢地平复下来，这个时候冲突调节就可以开始了。

《你不能参加我的生日聚会》中提到："在'我'式陈述之后，如果成人或儿童需要更多时间才能平静下来，就可以给儿童提供一定的选择，包括去冷静区。"为什么是有限的选择呢？因为选择太多反而会扰乱孩子的心。

这些有限的选择可以澄清下一步需要做什么，孩子会明白在自己逐渐平静的过程中，或在我们平静的过程中可以做什么。所以，给孩子一些有限的选择，会帮助孩子持续地感受到自己的控制权，有助于孩子更积极地协助解决问题。

【微案例】

有限的选择："莉莉，我感到很担心，因为打人会受到伤害，是不安全的行为。你可以选择去搭积木，还可以找你喜欢的书看一看，你想怎样做呢？"

"天天，我感到有点沮丧，因为积木仍散在地板上，你可以一个人来完成收拾积木这项工作，要么请别人来帮你。"

给时间让孩子冷静下来："莉莉，现在有什么方法能够让你感觉舒服点呢？"

"天天，你真的真的很生气。也许现在你需要冷静一会儿。你想去哪里冷静一会儿呢？书房还是客厅呢？当你更平静些时，我们一起解决问题。"

当我们需要时间冷静时："莉莉，我很生气，因为打人会受到伤害，是不安全的行为。你可以去书房或客厅，当我更平静些时，我们来聊聊这件事。"

"天天，我真的很难过，因为这本书被撕破了。你是选择去拼图还是去玩小汽车？当我更平静时，我们来讨论怎么办。"

孩子愤怒、沮丧、生气的时候，行为很可能会失去控制。帮助他们照顾自己情绪的最好方法就是给他们一个选择的途径，使他们能重新回到"享有控制"的状态，有掌控感。一旦孩子觉得自己是有选择的时候，他会感受到被尊重，坏情绪会慢慢好起来。

当我们以身作则的时候，孩子也会用同样的方式与小伙伴沟通。孩子会学着使用"我很生气，因为积木被抢了"这样的"我"式陈述，不怪罪别人，而是学会在有强烈情感的时候积极地表达，这对孩子之间的关系缓和会有很大的帮助。

如果孩子真的在有情绪的时候打了对方，我们可以提醒孩子手的作用，让孩子想想手可以干些什么，和孩子玩个"小手公约"的游戏，孩子会印象更深刻。

练习工具 ▶

制定"小手公约"

我们可以邀请孩子共同制定"小手公约"，一起想一想手能做什么，不能做什么，并把自己的想法画下来。跟孩子这样讨论的原因是，孩子更喜欢参与并遵守共同制定的规则。那么，"小手公约"如何制定呢？

第一步：让孩子比照自己的手在彩色卡片上画出手的形状，用剪刀剪下来。

第二步：我们可以邀请孩子共同制定"小手公约"，一起想一想手能做什么，不能做什么，并把自己的想法画下来。

第三步：如果一张"小手"的卡纸画不下，可以再画一张，把想法画在"小手"的卡纸上。可以让孩决定把"小手公约"的卡纸贴在哪儿，让小手来提示我们可以做些什么。

147

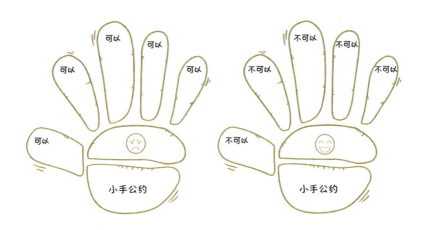

正面强化手的作用，比提醒不要打人要好得多，正如我们引导孩子在强烈情绪中积极表达自己一样。在孩子之间的大部分冲突里，他们往往都希望自己控制局面。对选择权和控制感的需要是每个人的天性。而当孩子探索有关控制权和友谊的时候，他们更能够理解朋友意味着什么。

我们不能强迫孩子去交朋友，如同我们不能强迫孩子分享一样。在一次次的同伴冲突和问题解决中，孩子的社交技能也得到了提升。我们需要做的，只是把孩子的选择权还给孩子，让他学会为自己的生活做决定。

第四章

培养孩子的演说技巧

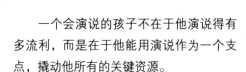

　　一个会演说的孩子不在于他演说得有多流利，而是在于他能用演说作为一个支点，撬动他所有的关键资源。

第1节

注重这六条肢体语言原则，让孩子演说更有感染力

> 一个人对他人的印象，约有7%取决于谈话的语言和内容，音量、音质、语速、节奏等声音要素占38%，眼神、表情、动作等形象因素所占的比例则高达55%。
>
> ——加州大学洛杉矶分校阿尔伯特·梅拉宾博士

在沟通中，眼神、表情、动作等形象因素是最重要的，甚至大于谈话的内容。

试想一下，我们自己在演说前都会呼吸紧张、双手攥拳，紧张得手心都会出汗。为了排除紧张感要去上洗手间，可是在洗手间洗手看到镜子里的自己，全身又开始紧绷了。到了台上都能感受到双腿微微发抖，面对台下一道道注视的目光，脑中一片空白。连大人在演说时都会紧张成这样，就更别提缺乏经验的孩子了。

如何帮助孩子在台上更自信地表达想法、提高演说感染力呢？

一位专业的演说者帕尔默先生总结了PVLEGS原则，帮助孩子自如应对各种场合的演说，自信地表达自己。

PVLEGS原则包含六项内容：

Poise（姿态）：镇定而自信；

Voice（声音）：让人能听清楚每一个字；

Life（生命力）：饱含热情；

Eye Contact（眼神交流）：与每位听者互动；

Gestures（动作）：与内容相符的手势、肢体动作；

Speed（速度）：控制步调。

我们就从这六条原则着手，来打造孩子的演说感染力。

① Poise: 大树的扎根

我们首先需要了解孩子紧张的具体表现有哪些，然后通过不断的练习和训练来摆脱它们。比如会低头、身体发抖、站着晃来晃去，等等。根据孩子的表现，让孩子有意识地控制演讲的肢体动作。

如果孩子的姿势给人不自信的感觉，其实是方法不对。演说一般都是站着，孩子由于紧张会无意识地双腿紧贴在一起，站得像士兵一样，这样站就会让观众感觉不自然。

引导孩子要关注脚底的力量，双腿适当分开，想象自己是一棵扎根于土地的大树，脚底非常有力量，从脚底生出了无数的根，深深地扎进土地。无论怎么走动，双脚都要在地上生根，甚至进一步联想让脚底的根遍布整个演说的会场。站成一棵扎根于土地的大树的模样，会让孩子看起来有精神，身体呈现出来的状态会改变声音，让观众感受到诚意。

2 Voice: 《嗨唷歌》的方式

画家在画立体画时，会先用比较淡的颜色去勾勒，然后用深颜色去填充，这样画面的效果会很饱满，强弱呼应，有立体感。如果只是淡淡的颜色，会给人感觉没有力量；如果全是厚重的笔墨，给人的感觉就会很粗犷，没有变化。

声音也是一样，好的演说应该是抑扬顿挫、高低起伏，语气会在某处加重，也会在某处减弱，这样才会有立体感，会有吸引力。如果没有抑扬顿挫，就像用浓淡界限不明的笔墨画画，毫无生机，让人没有兴致。

马丁·纽曼在《演讲的本质》里提到这样一个小技巧，我们可以引导孩子练习。马丁·纽曼建议可以学习白雪公主的故事里七个小矮人干活时唱的《嗨唷歌》的方式：从高音到低音，再从低音到高音。

孩子在演说前练习的时候，也可以采用这样的方法反复练习一句话，或者练习自我介绍的部分。这种方法可能刚开始练习听上去很奇怪，但是可以加强孩子对音调的控制。

而对于重点的词语或者句子更要着重去强调，才会让人印象深刻。泷川雅美是日本著名的女主播，她做了一场演说，内容是关于2012年日本申奥。在演说的最后，她的一句"盛情款待"入选2013年日本的流行语大奖。

她是怎么做到的呢？她在说这4个字的时候一个字一个字地慢慢说，就像教小朋友一样，在每一个音节之间都停顿，最后再把整个词重复说一遍，她这样说完后，几乎所有人对"盛情款待"的印象都极为深刻。

在孩子演说需要强调的地方，我们也要引导孩子放慢语速，加重音量，甚至适当重复来加深观众的印象。

③ Life: 饱含热情

说到有生命力的演说，我们会想到乔布斯在斯坦福的演说，会想到马丁·路德·金"我有一个梦想"的演说，会想到俞敏洪"在绝望中寻找希望"的演说，这些演说都有的一个特点: 讲自己的故事。

演说不是说话，必须很有力量才能打动观众。公元前2080年前后，古埃及一位法老告诫准备继承王位的儿子麦雷卡说:"当一个雄辩的演讲家，你才能成为一个坚强的人。舌头是把利剑，演讲比打仗更有威力。"

想要触动别人，先得触动自己，通过亲身经历，让观众对自己的故事感同身受，直指人心。如果孩子在说自己的故事，就能感受到故事里蕴含的情感，那么孩子的眉眼之间的神情就可以把故事中的情绪自然地传递出去。

怎么引导孩子讲自己的故事呢? 安妮·特西蒙斯在《故事思维》里提到提升自己影响力的6大类故事:

① "我是谁"的故事。主要帮助孩子挖掘孩子的不为人知的一面。

② "我为何而来"的故事。引导孩子学会跟听众建立信任关

系，让听众认同孩子的想法。

③ "愿景"的故事。每个孩子都有梦想，引导孩子说说自己的行为对别人的价值，让别人和自己拥有相同的憧憬，这样孩子的努力才会更有价值。

④ "授人以渔"的故事。教育家柏拉图经常利用讲故事的方式来启发学生的思考，在孩子的故事中把"你该如何思考这个问题"和"你该从这个问题中得到什么样的启发"两方面结合起来，可以让人不仅知其然，也能知其所以然。孩子也可以在演说中借鉴，当孩子讲故事、教方法的时候，也要说说听众了解后会有什么用处，也是用户思维的表达。

⑤ "行动价值"的故事。让孩子通过讲述亲身经历的故事，传递出一种价值。

⑥ "我知道你们在想什么"的故事。让孩子在演说前做一些必要的准备工作，比如事先了解听众的兴趣和需求，在故事中加入听众的兴趣点和疑惑，这样不仅能让听众信服，更是一种深层次的尊重，因为展现了孩子对听众的关注和兴趣。

④ Eye Contact: 蜜蜂采蜜

很多孩子上台演说时，眼睛不知道看哪儿，一旦和听众的眼神对上了，脑子会暂时短路，想不起要讲什么了。即使如此，我们也要让孩子知道：一定要与听众进行眼神接触。不仅要眼神接触，还要眼神控制。

有的孩子在演说的时候会很累，因为孩子们总是试图和每一位听众进行眼神接触。有的孩子会满场扫视，没有聚焦点，感觉很茫然、不自信。

如何做到眼神控制呢？引导孩子想象自己的眼神像是一只蜜蜂，像蜜蜂采蜜一样和听众进行眼神接触。蜜蜂一般会先选择一朵花，然后飞过去，在那朵花上停留一会儿，采好花蜜之后再飞到另一朵花上，就这样锁定几个人，主要是和儿童听众保持眼神接触。

让孩子用蜜蜂采蜜的方式来控制自己的眼神，将眼神专注在几个人身上，对方会感受到孩子的真诚和关注，然后再将眼神慢慢转移向其他听众。

5 Gestures: 传递状态

在演说过程中，动作其实透露了一切。《故事性思维》中提到："在开始讲故事之前，如果你身体往后靠，目光下垂，搓着手，努着嘴，然后望向远方，当你收回目光，准备开讲的时候，听众们已经准备听一个严肃的故事了。如果你跳上讲台，拍着巴掌，身体前倾，听众们理所当然地认为你会讲一个充满活力和激情的故事。"

如果孩子不知道怎么去做动作，我们可以带孩子去看一些优秀演说者的视频，让孩子了解到一流演说者是如何运用肢体语言来表达自己的，手势怎样变化，面部有哪些表情，肢体动作又有哪些，再刻意去练习。

比如马云的演说就特别有激情。德国肢体语言专家乌尔里奇·索尔曼认为马云的穿着、举止和言谈让孩子看起来就像一个邻居，非常亲切。乌尔里奇还认为，马云能够巧妙地使用一些手势来展现开放、亲切的形象，比如，喜欢双手张开，手心朝上；喜欢竖起大拇指，同时面带微笑，总是毫不吝啬地调动所有的肢体，展现出最理想的形象。

经过刻意练习后，孩子可以根据自己的演说内容来提前设置肢体语言，因为动作能影响听众，激发听众的思考，或者可以和听众互动，邀请听众一起来做动作，这样更有利于信息的传播。

6 Speed: 控制步调

孩子原本准备了5分钟的演说内容，可是因为紧张说话越来越快，结果3分多钟就结束了，给听众也造成了语速过快的印象。《演讲的本质》中提到："控制声音的各个要素，并富于变化，就能有效地吸引听众的注意力。"

我们可以引导孩子在演说过程中恰当地变换语调，控制气息的轻重，也可以在合适的时候突然放慢或者加快语速，以此吸引听众，或者用停顿来引起听众的好奇和思考。比如孩子说"今天准备了一个惊喜，带了一个礼物送给大家"，建议尝试用停顿的方式表达这句话："今晚准备了一个惊喜——带了一个礼物——送给大家。"

破折号表示停顿处，在孩子说关键词之前停顿一下，以此吸引听众的注意力，使关键信息得到强调。停顿的时候，听众便会好奇后面要说什么，这确实是吸引听众的好办法。如果孩子经常用停顿来制造悬念，就会牢牢地抓住听众的好奇心。

练习工具 >

演说肢体语言清单

在孩子每一次练习演说时，我们可以做一份演说肢体语言清单，让孩子看到有哪些肢体语言自己可以用得很好，哪些肢体语言需要提高。

6种肢体语言实践清单		
肢体语言	进步	需要加强
姿态		
声音		
生命力		
眼神交流		
动作		
速度		

　　在孩子演说之后，我们可以和孩子一起讨论，让孩子自己先说说对6项肢体语言的感受，最后我们再加一些建议，帮助孩子不断提高。

第2节

爱表演的孩子演说表现力不会差

① 戏精妈妈的必备技能，让孩子演说不紧张

老师说："乐乐，你喜欢的睡衣是什么样子的呢？"

4岁的乐乐眼神四处游移，在妈妈怀里扭来扭去，就是不看老师。

老师看着乐乐，等待乐乐回答："乐乐，你跟大家说说好吗？"

乐乐急了，直推妈妈胳膊："妈妈，你说。"

乐乐妈妈说："老师让你说呢，你告诉大家昨晚你穿了什么样的睡衣啊？"

乐乐说："嗯……嗯……有小熊的。"

大家终于舒了一口气，乐乐终于说了。

紧张是困扰孩子当众表达的最大的障碍。我们希望孩子在公众面前大方自然地表达自己的想法，甚至表达得幽默风趣一些，但是孩子由于紧张，面无表情，动作僵硬，影响了正常发挥，该怎样让孩子放轻松一些呢？

答案是：演起来。

经常入戏的孩子在表达时会更放松，因为平日里常常做戏剧化的动作和表情，到临场时肢体动作和面部表情都会放松很多。最为关键的是可以帮助孩子形成掌控感和成就感。我们要做的就是尽力帮助孩子一次又一次成功。

生活是舞台，带孩子随时入戏是家长的必备技能。你是孩子最好的导演、搭档和观众。可是现实是我们只记得自己是个导演，要求孩子晚上到了9点就必须睡觉；看动画片只能看两集，即使孩子撇嘴哭，也狠心肠地说"只能看两集"；孩子不想刷牙，我们重复"必须刷牙，刷完牙才可以去吃好吃的"……各种威逼利诱让孩子听我们的命令。

我们是孩子生活里的大王，孩子是小兵，一会儿被我们命令干这个，一会儿被要求遵守那个，这样的孩子怎么会拥有表达的自由？

孩子的确需要按时睡觉、刷牙、吃饭，但是也需要拥有主导权，需要扮演更为有力量的角色，孩子们有时候需要我们来当小兵、观众、演员。《游戏力》里提到，"当孩子面对无力感时，常常会主动发起角色置换的游戏"。

叶子妈妈带5岁的叶子去中式餐厅吃早饭，上午9点半点单排队的人就一两个，叶子妈妈一看，锻炼叶子表达的机会到了。她找个离点单台近的桌子坐了下来，说："叶子，妈妈头有点晕，要在这休息一下，你去跟阿姨说买4个包子吧。"说完扶着头，手撑在桌子上，一副虚弱动不了的样子。

叶子犯难了，一脸愁容："我不敢去，妈妈你去。"妈妈就知

道叶子会这样，于是接着演："叶子你摸摸妈妈的头，妈妈晕得厉害，妈妈需要你的帮助。"叶子看着妈妈"虚弱"的样子，想帮妈妈，又不敢跟服务员阿姨说话，就一直站在离妈妈两三步的地方，左右为难，一直看着妈妈。

叶子妈妈从兜里掏出10元钱，递给叶子，为了演得逼真，手还微微颤抖："你把钱给阿姨，说买4个包子就行了，去吧，勇敢点。"当孩子在想要行动的临界点犹豫不决时，需要我们的"轻推"的助力。

叶子看妈妈这么难受，接过钱，走到柜台前，一看到服务员，却又不敢说话了。服务员阿姨热情地问："小朋友，你要什么呀？"叶子小声嘀咕："4个包子。"服务员阿姨："好，4个包子10元钱。"叶子赶忙把钱给她。服务员阿姨一边收钱一边说："小朋友这么小就自己买东西啊，真勇敢。"叶子没说话，使劲忍住被夸的开心。买完之后，飞一般地跑到妈妈面前，激动地说："妈妈妈妈，刚才那个阿姨说我勇敢，这么小就自己买东西。"

叶子妈妈在位子上已经看到了全部，但还是很配合地装作很惊讶的样子："真的啊，叶子这么受人欢迎，都是因为叶子好勇敢。妈妈也很感谢叶子，虽然叶子跟阿姨说话有点害怕，但还是战胜困难帮助了妈妈，叶子真棒。"说完亲亲叶子的小脸，叶子的小脸美成了一朵花，整个吃饭过程兴奋地讲个不停。

角色置换，合理地提出建议，适当的时候给孩子助力，会让孩子克服恐惧和紧张的心理。孩子通过一次又一次这样的练习，会获得对整个局面的掌控感，从而建立自信，敢于面对挑战。

② 三个方式让孩子的演说力拾级而上

心理学家格林斯潘曾说："进入假想游戏，是孩子成长过程中最重要的飞跃之一。"《游戏力》里这样诠释假想游戏："对于象征性思考能力、抽象思维能力以及创造性想象力，都有很高的要求。"

孩子天生就会假想游戏，比如会拿着手机在耳边说"喂，喂"，或者学妈妈的样子在脸上拍拍；看到绘本里有吃的，假装拿一块吃得有滋有味；拿耳机当听诊器，等等。这其实都是孩子的延时模仿能力，在假想游戏中，孩子可以自由地表达。

如何和孩子一起演起来呢？

（1）给孩子仪式感

在开始之前，跟孩子说："我们来玩个游戏，假装……"有的孩子会在大家面前不敢做自我介绍，那么可以这样玩："我们来玩个游戏，假装你是老师，我是小孩，你来给我上课吧。"孩子会非常喜欢这个游戏，因为孩子可以指挥你做事情，享受有权威的感觉，同时孩子自然会把老师经常让大家做的自我介绍让你来做，这时候你表演得夸张一些，孩子觉得好玩，当众表达的恐惧心理就会缓和很多。

孩子偶尔也会主动，西西小朋友发明了一个游戏，跟妈妈说："我们玩个游戏，我是小火车，你是乘客，我们开始跑吧。"于是绕着小区广场中间的花坛开始跑，说那是铁轨，让妈妈跟着跑一段，

163

停下来让妈妈下车，再跑一会儿让妈妈跟着跑假装上车，就这样玩了半个多小时，西西非常享受指挥的过程。

（2）使用道具

在家里准备一些孩子喜欢的动物、卡通形象的面具，或者可以当道具的玩具。比如当孩子拒绝穿衣服的时候，我们可以尝试"小火车钻隧道"的游戏，让孩子拿着小火车，我们撑好袖子，问孩子："哪个小火车要钻隧道呀？"让孩子表达自己的想法，跟着孩子的想法来，让孩子做主。

当孩子不好好吃饭，我们可以给孩子额头上戴上老虎面具，我们戴上兔子面具，跟孩子说："我们玩个游戏，你是大老虎，我是小兔子，小兔子要为大老虎准备吃的，大老虎想吃绿色的莴笋还是黄黄的鸡蛋呀？"跟孩子对话，引导孩子不断选择和思考。

（3）让笑声延续

笑声是有感染性的，一旦发现了孩子因为某件事情"咯咯咯"笑个不停，就想方设法让笑声延续。当孩子笑的场景多了，当众表达时如果能够回忆起相关笑声的片段，也会缓解孩子的紧张情绪。

生活当中一定是有些事情会让孩子反复"咯咯咯"笑个不停，比如躲猫猫、枕头大战、打雪仗、扮鬼脸、听到"屁股""便便"这样的词汇看谁先笑的游戏、意外的惊喜，等等。

笑，是孩子释放强烈情绪的自发反应，可以释放恐惧、紧张的情绪。如果帮助孩子克服恐惧，我们要装作是那个害怕的人，身体发抖，手也抖个不停，牙齿不停地打战，孩子看到家长这样害怕，反而会被逗笑。

Carmen就喜欢看妈妈做出害怕的表情，手指戳妈妈说要给妈妈打针，妈妈就假装好害怕，"哎哟，好痛啊"，妈妈越是这样，Carmen就越乐，拿个会出声的玩具说："妈妈，这是会咬人怪兽，一口就能把你吃掉。"妈妈就一边假装害怕一边躲起来，Carmen看到妈妈的样子笑得停不下来。

在轻松快乐的假想游戏中，孩子会自由地表达自己想象的世界。

❸ 三个步骤让孩子的戏剧化表达开挂

当妈之前都是少女，当妈之后都会成戏精。绘本是最好的剧本，我们该怎么和孩子表演呢？

（1）表演绘本里的形象

只要遇到绘本里有动物，就模仿动物叫声，怎么行走的，长什么样子。比如看到《好饿的毛毛虫》在叶子上吃东西，就趴在地上学毛毛虫用身体一前一后地蠕动，看到《抱抱》里的大象，就用一只手学象鼻子左右来回甩，孩子慢慢地就会模仿妈妈的样子，一起演起来。

（2）表演绘本里的情节

接下来可以和孩子一起演故事里的情节，比如演小红帽的故事，让孩子当导演，这样孩子可以考虑整个故事的具体细节：谁当大灰狼，谁当小红帽，用什么道具，说什么台词。这时候我们在孩子原有经验的基础上搭台阶，在孩子的已知经验基础上，让孩子进一步思考和联想。

（3）表演影评人

演完后，和孩子聊聊表演的感受，谁演得好，谁需要改进，对于剧中角色还可以深入探讨。讨论为什么要这么演，在生活中如果遇到相关的问题怎么办。大一点的孩子的家长可以针对不同角度来提问，锻炼孩子的思考力和表达力。

针对单词：小红帽是什么意思？

针对句子的表达：为什么不用"现在"而要用"曾经"来表达？

针对感受：如果她被骗了，是什么感受？

对句子能引申的信息提问：用什么方法可以让小红帽避免遇见大灰狼？

比较性提问：对于大灰狼来说，吃小红帽的好处和坏处是什么呢？

对孩子的意见提问：你想对小红帽说些什么？对于大灰狼通过欺骗小红帽达到目的，你有什么看法？

假设提问：万一你是大灰狼，你怎么办？

提出结论性、综合性问题: 善良和幸福有什么关系?

问这些问题会延迟孩子阅读的速度，但是这样提问会让孩子对事物的理解力和表达能力迅速提高。讨论的时长也可以由孩子决定，刚开始孩子想法不会太多，因为孩子的经验有限，但是讨论得多了，孩子会形成发散式思考习惯，也会慢慢地在情节里加上自己想象的环节。

练习工具 ›

哈利·波特的魔法石

每个孩子天生都是戏精，想让孩子演说的表现力更丰富，我们就需要在平常的生活中经常演起来。

和孩子一起演起来吧!

第一，演剧的仪式感。准备好道具——一块光滑的石头，你可以告诉孩子，这个石头它是哈利·波特的魔法石，谁拿着这个魔法石，魔法石就会带给他力量。

第二，选择一本有人物背景的绘本。让孩子当导演来分配角色。和孩子表演绘本中的对话，或者是绘本人物之间的故事延伸。

在故事的延伸当中，我们要提出一个在孩子已知经验基础上的问题。当孩子一时不知道如何回答的时候，我们可以说，快拿好哈利·波特的魔法石，它会给你力量。

当孩子拿到魔法石之后，无论他说什么，我们都鼓励他表达得更多。其实这也是锻炼孩子编故事的能力。孩子编完故事后，你一定要对孩子说一句："你就是故事大王。"你会感觉到孩子小小的骄傲从眉梢、嘴角溢出来，荡漾成巧克力丝滑的甜，回味无穷。

第三，表演完故事之后，我们就开始扮演影评人。开始和孩子对故事中的情节、表达和感受进行交流。

影评人交流选项	具体问题
针对单词	
针对句子的表达	
针对感受	
对句子能引申的信息提问	
比较性提问	
对孩子的意见提问	
假设提问	
提出结论性、综合性问题	

做影评人的角度也是慢慢培养孩子对演说表达的觉知力，从第三视角看待自己的演说。

陪孩子一起演故事的时光温柔而美好，丰富了孩子的表达内容，也温润了孩子的心灵。你也会发现孩子世界的广袤和奇妙，带你回到小时候那段纯粹的时光。

第3节

独立思考: 让孩子的观点更有价值

> 孩子未来是否成功, 取决于孩子给予了世界什么, 而不是孩子记住了什么别人告诉孩子们的东西。
>
> ——薛涌《一岁就上常青藤》

1 爱问"为什么"是孩子独立思考的第一步

一直以来, 我们传统的教育方式强调吸收, 轻视表达。孔子甚至表达过对"巧言令色"之人的强烈轻蔑。很多家长也经常向孩子灌输"多读少说, 厚积薄发"的观念, 要求孩子多听多看, 多吸收。一旦孩子表达出与家长不相同的想法, 大多数家长就要求孩子要听话, 认为听话的孩子才是好孩子。这样教育出来的孩子的表达大多没有新意, 容易人云亦云。

西方教育注重从小培养孩子的表达能力, 从孩子的实际情况出发, 为孩子提供一个自由宽松的生长环境, 让孩子在自己的选择中长大。与孔子同时期的希腊大教育家柏拉图, 有一句名言就是: "吾爱吾师, 吾更爱真理。"犹太人也蔑视一般的学习, 认为一般的学习只是一味模仿，而不是任何创新。实际上，学习应该要能创新，以思考为基础。

罗素说：大多数人宁死也不愿意思考。思考的确是一件很累的事，可一旦孩子开始独立思考，就会体会到思考的乐趣。孩子从此不会人云亦云，敢于去怀疑，更敢于去表达自己与众不同的观点，孩子的世界也会随之改变。如何培养孩子独立思考能力，让孩子能够表达自己的想法呢？

雪球帮创始人米高在《雪球帮》一书中说道："普通人的智商都可以达到上大学的水平，而想要获得真正的智慧就要不断问为什么。"但传统教育不太喜欢孩子问为什么，孩子如果一个劲儿地问为什么，老师会觉得这孩子太爱钻牛角尖，或许也因为孩子的问题超出老师的能力范畴，老师觉得尴尬所以打断孩子探究"为什么"问题的热情。

但终究家长是要能帮助孩子去跟着"为什么"的思路，边问边思考，边读边思考。家长也需要多问孩子为什么，目的就是让孩子养成问问题的习惯。其实这就是一个不断探寻的过程。结果并不重要，掌握思考方法是关键。

中国妈妈马珍向犹太妈妈莉莲抱怨："今天梅梅又问了好多奇怪的问题，我现在睁开眼就要回答她的问题，我都快烦死了。梅梅越看书就越爱问问题，我现在看见梅梅都想逃跑了。"

莉莲扑哧一笑："梅梅问了什么呀？"马珍说："梅梅起床的时候告诉我她做的梦，梦里有小鸟和她说话，就问我为什么小鸟会在梦里和她说话，为什么真的小鸟不会说话，我都不知道怎么回答好了。"

莉莲说："我儿子麦克看书也会问为什么，每次孩子能提出问题，我都觉得很开心。"马珍一脸茫然："为什么啊？"莉莲说："犹太人有这样的说法：不当一头背很多书籍的驴子。换句话说，就是不要只看书中的内容，而是要从各种角度分析并理解书中的知识，对书中的内容去思考，才能有自己的独特见解。"

马珍一时不知道说什么："这样啊……"莉莲又接着说："不要让孩子当那头背书驴，只有经常提出疑问的孩子，才会真正找到书中的智慧，所以我经常教导麦克，看书要多思考多提问，每解决一个问题，孩子就会学到更多知识。知识重要，能力更重要。"

马珍继续问："那如果麦克不问问题呢？"莉莲说："如果孩子不问问题，说明孩子没有动脑筋思考，我就会追着麦克不停地发问讨论，直到孩子重新思考为止，这时候孩子的表达就会有与书中不同的角度。"

确实如此，因为只有不断地去思考为什么，孩子才会慢慢摸索到事物背后的因果关系，才能越来越接近问题的本质。电影《教父》有一句经典台词："花半秒钟就看透事物本质的人，和花一辈子都看不清事物本质的人，注定是截然不同的命运。"当孩子能够思考清楚为什么后，孩子对事情本质的掌握速度也比一般孩子更快，相应的表达也更具逻辑性和更有见地。

在成长的道路上，孩子会面临各种不同的挑战，当孩子形成凡事思考"为什么"的习惯后，在解决问题之前，都会问问自己"为什么要去解决这个问题"，这比解决问题本身更有意义，效率更高。

② 提问，是更有条理地表达想法

一次在艺术课上，3岁半的兜兜在做拼贴画，孩子用胶棒没有胶水的一面使劲在画上涂抹，然后把小纸片贴上去，结果发现贴不上去。兜兜妈妈笑了："兜兜为什么要用这一面抹呢？"兜兜被妈妈问得愣住了，观察了一会，才发现用劲抹的这一面没有胶水，恍然大悟："刚才那一面没有胶水，现在用这一面抹就贴上了。"

一个好问题能够帮助孩子去思考问题的解决方式，那么如何提问才能让孩子能够独立思考呢？

（1）快速启动三类问题

这3类问题分别是基于事实、基于偏好和基于判断。

基于事实的问题，比如："胶棒哪一面有胶水？""小熊最后回到了哪里？""孩子乘坐的是什么交通工具？"基于事实的问题，家长可以围绕着5W1H分析法来提问（谁、什么、在哪、什么时间、为什么、如何）。

Who——这是谁在说？

What——孩子们在说什么？这是一个事实还是一个想法？

Where——孩子们在哪里说的这些话？

When——孩子们什么时候说的？是在事情发生前、发生中，还是发生后？

Why——为什么孩子们会这么说？孩子们对自己的观点解释得充分吗？

How——孩子们是怎么说的？

美国不少幼儿园和小学都在使用这种提问方式，当你这样问得多了，孩子也会问出这样的问题。

基于偏好的问题，比如："你愿意和小朋友一起去上幼儿园吗？""你最喜欢吃什么蔬菜？""你对幼儿园老师怎么看？"偏好类的问题多是孩子的观点和想法，你可以在偏好问题后再进一步追问"为什么"，让孩子学会解释自己的观点。

基于判断的问题，比如："你要怎么做才能让小纸片贴成功呢？""要拯救快枯萎的花，你应该怎么做呢？""你应该怎样才能弄清楚牙刷不见了呢？"判断性问题是难度偏大些的问题，因为这需要多种论证方式，而且通过论证，孩子很可能发现答案不止一个，更重要的是，通过判断性问题的训练孩子会更有责任感，更对自己的答案负责。

（2）关注问题的优先顺序

确定问题的优先顺序，是确定我们解决复杂问题前需要回答的问题，构建逻辑顺序优先的问题需要家长将提问定位在范围更大的问题上。比如我们问孩子："什么是圆形？"

先要让孩子认识到什么是形状，其次用各种形状的不同引导孩子去观察，为什么不同物体会有不同形状，然后认识到圆形以及圆形的应用，可以鼓励孩子去创造圆形的物体，最后训练孩子表达解决问题的顺序或过程，而不是答案。我们要让孩子解释掌握的内容的顺序，就能显著提高孩子的思考能力。

杰罗姆·布鲁纳在《真实的心灵，开放的世界》一书中预期一种新的、具有启发性的理论会兴起，这种理论的中心思想是要让孩子们理解世界的多种样貌。"所谓的'意义'和'真实'并非经由个人摸索发现，它是集众人之力创造出来的概念，协调沟通的旨趣在于调整人我关系并建构新的意义。"也就是说，讨论在孩子的认知发展和独立思考中扮演着重要角色。那么，如何引导孩子讨论呢？

3 讨论：犹太人的 Havruta 教育

要想引导孩子进行讨论，我们先得创造条件。这里家长可以借鉴犹太人Havruta的教育方式。Havruta教育，指的是分组提问、对话、讨论并辩论。简单来说，就是和孩子真诚地聊天，提出并回答问题，和孩子对话，然后再把对话加以专业化，那么就是讨论和辩论了。

在教孩子学东西的时候，犹太人强调要提出问题，引导孩子去寻找问题的答案。孩子会对父母的提问展开多角度思考，并自发地学习，继而去整理得到新观点。这样教育背景下的孩子不会害怕被问问题，反而能从问题中得到新的知识而兴趣十足。比起告知型教育、灌输型教育，这种主动学习让孩子更愿意进行独立思考，并在讨论中表达自己的想法。

Facebook创始人扎克伯格的父亲是一名牙医，母亲是一名精神病医师。扎克伯格小时候放学回家后，他家人问的第一句话一定是："你在学校今天提出了什么问题？"从来不主动问孩子在学校学到了什么。

扎克伯格的父母在对孩子启蒙时，鼓励孩子提问题、说想法，并有逻辑地跟孩子讨论，不论扎克伯格提出的问题多么匪夷所思，都不会不耐烦。扎克伯格从小就爱提问，在长大之后也有提问的习惯，扎克伯格在分享Facebook的成长历程时曾说："在你开始做之前，不要去问自己怎么做，要问自己为什么做。"

由此可见，在Havruta教育里，提问的价值带给孩子的收益是巨大的。《犹太式教育》提到："每天都在对新的主题进行有深度的讨论，这是开发大脑的最好方法。"犹太人在教育孩子表达自己想法的时候，用手势或身体动作，而在讨论、争辩的时候，要放大声音，这样能够快速并高效率地熟悉新内容。

通过阅读来进行有深度的讨论，是进步的最佳方法。英国当代著名青少年文学大师艾登·钱伯斯在《说来听听：儿童、阅读与讨论》里提到："我相信阅读并不是浮光掠影地扫过一排排文字，比起兴之所至的随口闲聊，阅读应当是一种更有生产力、更有价值的心智活动。"

比如孩子爱看恐龙方面的书，我们给孩子读了一本恐龙的绘本，孩子可能会问你："为什么现在恐龙灭绝了？"你会怎么说？通常我们通过查阅会告诉孩子："因为火山爆发或彗星相撞"，但是Havruta教育的方式会建议父母不要直接告诉孩子答案，而是要这样说："是啊，为什么会灭绝呢？"这样会激发孩子的好奇心，促使孩子主动去找资料寻求答案。

对孩子来说，故事对孩子的意义是通过谈话中你一言我一语来界定的，我们在和孩子的聊天中分享对故事的热情、困惑和故事中各种元素的关联性，根据故事借由问题帮助孩子整理出新的想法。有的时候，孩子面对好问题就像着了魔一样，不断深入探索，也不断感受到发现的乐趣。

练习工具 ›

外星人视角 + 类比方法

不断提问，不断解决，再不断提问，这样的探索之旅我们不太熟悉，但是可以先尝试练练手，慢慢熟悉起来。

《雪球帮》提到一个超级问题：动物是否可以饲养其他动物的后代呢？如果可以，它们的目的是什么？

我们用外星人视角引导孩子想想看：如果孩子是外星人，完全不了解地球的解决方案，打算怎么解决这个问题呢？有时候，逆向思维可以让复杂问题迎刃而解。我们可以先考虑后代需要什么，然后再想怎么满足。比如小鱼需要吃食物和繁殖，可是小鱼怎么才能学会吃呢？最好是不仅能学习所有需要的知识和技能，还能和很多小鱼住在寄宿学校！

但是，鱼为什么没有建立寄宿学校呢？因为寄宿学校的老师还是鱼，同样面临吃的问题。教就更难了，但鱼会产很多卵，就算被吃掉，也总会有存活的。假设有的小鱼会捕食和逃生，它的体型会变大一点，就更容易捕食。假设小鱼的伙伴们会捕食逃生，它们将很快获得优势，体型会变大一点，而大一点的鱼更容易捕食，然后它们会有更多的后代。

这样的小鱼的运气好也许可以延续几代，但是如果经过上亿年，一定早就被更聪明的伙伴取代了。而且伙伴根本不需要特别聪明，只要比它聪明1%就足够了。物竞天择就是这么残酷。

所以小鱼存活的概率也太小了。如何让小鱼获得生存的技能从而活下来呢？

这时我们可以用类比的方法，先看看什么东西是与生俱来的，然后再弄清楚怎么来的。为什么鱼妈妈生出来的是小鱼，而不是小鲸鱼呢？这就是DNA，也就是遗传密码的作用。

历经几百万年，小鱼的后代变聪明了，而且是生下来就聪明，因为它们的祖先将所有重要的生存技能储存在遗传密码内，就像复制在芯片上一样。这就是地球上绝大部分生物的解决方案，简单有效。

解决这个问题谈到了外星人视角和类比方法，这是两个非常重要的思考方法。《雪球帮》认为外星人视角就相当于第一性原理，第一性原理也就是主张从最根本的元素开始思考。关于如何利用已知信息推测出DNA方案的方法就是类比。

第一性原理有助于发挥原创性思维，而类比有助于我们从已知的东西中认识未知的东西，把一个抽象的东西，用一个具象的东西做类比；把一个不熟悉的东西，用一个熟悉的东西做类比，很容易产生"画面感"。类比的关键，是善用"相当于"这个连词。大部分人更习惯使用类比，真正有智慧的人才会利用第一性原理，当然这

需要反复练习的过程。

一起练起来吧！

用"外星人"视角讨论：

"假设有个外星人，突然飞到地球，接管了你的生活，那么他会怎么办呢？"

"假设有个外星人，＿＿＿＿＿＿＿＿＿＿＿＿＿，那么他会怎么办呢？"

用类比方法讨论，需要用到孩子熟悉的日常物品来讨论，所以我们在阅读的时候，可以将我们感兴趣的和能够用日常物品做类比的案例记录下来。比如："快乐就像太阳，总是发出耀眼的光。"

帮助孩子学会独立思考，就获得了先发优势，孩子未来演说的优势会像滚雪球一样越来越明显。独立思考，培养的是善于说话的孩子，而不是听话的孩子。孩子会在演说和表达自己的过程中，加深对世界的探索和认知，不断形成自己的世界观和价值观。

第 4 节

如何做一个有亮点的自我介绍

> 没有一个人天生擅长做各种事情。你通过勤奋而变得擅长于各种事情。
>
> ——奥巴马

经常听到有家长说："我孩子在家称王称霸，话特别多，像个话痨。可以一让孩子当众介绍，死活不肯说，扭扭捏捏，老是这样，真是急死人。"

孩子长大后在社交场合总是要认识别人，可是如果一直疏于锻炼自己的自我介绍，即使有很多亮点，也会不经意错过很多机遇。而有的孩子好像自带光环，一开口介绍自己就有一群人围着，想与他交朋友。

如何让孩子愿意开口做令人难忘的自我介绍呢？

① 眼神交流：战胜胆怯从"注视比赛"开始

"没有一个人天生擅长做各种事情。你通过勤奋而变得擅长于各种事情。"奥巴马曾在演讲"梦想与责任"中这样说。孩子不是天生就敢于当众表达自己的想法，更别说在不熟的人面前表达，肯定会有紧张感。我们要做的就是接纳孩子的紧张感，帮助孩子刻意练习，缓解紧张。

美国幼儿园经常玩"注视比赛"的游戏，帮助孩子缓解与陌生人眼神交流的紧张感。什么是"注视比赛"的游戏呢？就是两个伙伴面对面坐着，互相盯着对方的眼睛，谁先眨眼谁就输了。

这是一个很好的训练，让孩子能够面对不同性格的孩子的目光，对孩子社交合作的学习也很有帮助。有的孩子在注视过程中不好意思看对方的眼睛，输了就要再玩一次，那些内向的孩子就是通过这种眼光的交流慢慢愿意与别人交流，从简单的打招呼到后来主动交流。

我们在家也可以带孩子玩这样的游戏，当家里有客人来的时候，可以邀请客人和孩子一起玩"注视比赛"的游戏，让孩子接触的人越来越多。眼睛是心灵的窗户，当眼神上不拒绝，内心也就更愿意接受公开展现自己这种方式。所以，"注视比赛"是一种公开表达的过渡方式。

2 刻意练习："关于我自己"的玩法

国外有的学校在每个学年里，每个孩子都有一个属于自己的星期。在这个星期里，这个孩子是班里的小星星，需要很自豪地来展示自己。这个星期叫作star of the week，有专门的"自我介绍"环节，孩子要做一个特别设计的海报，还要当着全班小朋友的面做一个自我介绍。

学校这样的活动每年都会有，讲过几次之后，孩子的自我介绍就非常熟练，张口就来，一点儿也不怯场了。

海报上除了自己的基本信息外，还有很多小细节，比如孩子的照片，最喜欢的颜色、运动、歌曲、节日、动物、食物，还会让孩子说说最开心的事情和最值得骄傲的事情。

孩子可以拿着这个海报向别人做自我介绍，这可以帮助孩子回忆细节，学会讲自己的故事，讲得多了，慢慢就可以脱稿说了。这也是锻炼孩子独立做自我介绍的过渡。

我们在家也可以制作这样一张海报，和孩子互相介绍自己，表演起来。当你和孩子一起表演的时候，加上比较戏剧化的手势，会让孩子说得更自如。

如何知道别人对孩子的第一印象呢？最好是把孩子自我介绍的过程录下来，然后客观地做出分析。如果只是照镜子，我们很难做到完全的专注和客观。如果用视频录下来孩子表达的样子，可以发现不足之处，然后去纠正，同时发掘孩子的优点，并学会更有效地展示。

③ 开场：三个破冰式的开场

能够打动听众的演说通常有个吸引人的开场，主干调动情绪，结尾总结并升华。想要有吸引人的开场其实也不难，引导孩子从这

三个破冰式的开场入手，让孩子一开口就牢牢吸引住听众。

（1）互动式的连续提问

一般孩子一上场就哗哗哗地介绍自己，而有经验的孩子一上场就会提供价值，有经验的孩子用的方式就是：连续提问。比如，听众如果都是孩子，肯定都爱玩，那么一上场孩子连续问这样几个的问题，一定会吸引小听众们注意。

"你们喜欢旅行吗？最喜欢去哪里旅行？我可以推荐几个去过就不想离开的旅行地点，你们想听吗？"

"你们有为之着迷的运动爱好吗？有过在运动中沉迷连吃饭都忘记的时刻吗？最重要的是，你的爸爸妈妈支持你的运动爱好吗？"

美国管理咨询师Steve Roesler曾说过："开场提问能够制造好奇心并让听众进入思考，而思考将你的主题更加紧密地和听众互动起来，这也是你所期望的。"连续的问题会让听众不断思考自己的经验，这时再介绍自己，就容易拉近与听众的距离，更容易引起对方共鸣。

（2）讲一个与主题相关的有趣故事

曾经听到有一篇主题"挖"的演说开头，很有趣。

说的是孩子小时候一直喜欢在院子里挖地，不停地挖，后来妈妈跟孩子说："不要挖了，再挖你就挖到中国了。"这个开头引来全场一片笑声，也引起了听众想进一步知道孩子到底能挖出什么东西来的兴趣。

开场讲个有趣的故事能帮助孩子建立和听众之间的默契，然后进行自我介绍，表达也会更有说服力。

（3）戏剧式开场

给孩子看一些经典演讲，那些有创意的开场总会和戏剧式表达相关，很多有趣的开场会给孩子灵感去模仿和表达。

有一个以"生活"为主题的演说，演说者开场从左口袋里拿出一根麻绳，上来就演唱20世纪80年代著名电视连续剧《篱笆、女人和狗》的主题曲："生活是一团麻，那也是麻绳拧成的花。生活是一根线，也有那解不开的小疙瘩呀"，现场听众笑成一片。

让听众想象置身于一个特定情境也是一个很棒的开场。例如，讲"如何在学校交到新朋友"，孩子可以让听众们去联想："想象你第一天来到学校的时候，周围全是陌生的脸孔……"然后提高声音，大声说："这时我遇见了一个神秘人物，他的出现像是雨后的一道彩虹让我突然就开心起来。他是谁呢？"这时和听众进行良好的目光接触，引起听众的好奇心。

所以，让孩子尝试戏剧式开场，效果就像戏剧一样能让孩子和听众紧密互动起来。一个强有力的30～60秒的开场白能让听众更长久地专注于孩子讲的内容。

然后，孩子可以正式地做自我介绍，前面戏剧式的开场和后面正式的自我介绍结合，对比效果更强，很有冲击力，整个演说的节

奏会让听众感觉收放自如。

多让孩子刻意练习，才能让孩子的自我介绍像跳水一样直奔主题、优雅有趣，而不是平铺直叙，像用脚趾探入池塘一般溅起一点点水花。好的自我介绍无论在演说还是社交场合，话音刚落，就会一石激起千层浪。

练习工具

制作自我介绍海报

做一个自我介绍的美术题目，让孩子在家里的大展示板上，写出自己的信息（生日、体重、身高等个人信息），附上相应的照片，然后在边角区域，用自己的手工画作装饰起来。

孩子的社交场合总会需要自我介绍，如果拿着海报多讲过几次之后，孩子就会非常熟练，张口就来，一点也不怯场了。这也是锻炼孩子独立做自我介绍非常好的方法。

制作方式:

第一步: 准备张大卡纸，写出自己的个人信息（生日、体重、身高、爱好），最喜欢的颜色、运动、歌曲、节日、动物、食物，还让孩子说说最开心的事情和最值得骄傲的事情，附上相应的照片。

自我介绍

照片

姓名：

生日：

年龄：

爱好：

最开心的事：

最骄傲的事：

第二步：在边角区域，让孩子用各种颜料、素材装饰起来。

第三步：让孩子拿着海报进行自我介绍，把孩子自我介绍的过程录下来，然后客观地做出分析。和孩子讨论看看在哪一步骤可以做得更好。

重要的是，孩子通过自己制作的海报来表达，会有更多的想法，当艺术和语言交融的时候，我们就可以从孩子的表达中感受到美、自信和能量。

日本设计师山本耀司说："你要终身跟那些很强的东西、很可怕的东西和水准很高的东西相碰撞，然后才知道自己是什么。自我是不断地在自我升级中间碰撞而产生的。"

孩子的一生，其实都在不断地提升自我，持续地塑造自我。当孩子有了不同的体验，解读世界的角度就会特殊、开放，性格中新鲜自由的天性也能够尽情地表达。

"认识自己"绘本推荐：

① *I like myself*，作者Karen Beaumont

② *All by myself*，作者Mercer Mayor

③ *Only one you*，作者Linda Kranz

如何通过观察增加孩子的演说素材

> 我们思想的发展在某种意义上常常来源于好奇心。
>
> ——爱因斯坦

1 发现不是简单的认知，而是一种乐趣

明明妈妈有段日子感觉自己的语言已被掏空，不知道如何引导明明的表达。

带着明明逛公园，看到小狗不知道从哪儿蹿出来，妈妈赶快指给孩子看："快看，小狗。"因为奶奶教过孩子小狗的叫声"汪汪"，所以明明看到小狗后，条件反射般地叫"汪汪"，然后，妈妈琢磨该说点什么呢？"好棒？"可也想不到底是哪里棒。

走在小区里的石板路上，浅黄、深黄的银杏叶落在石板和草坪上，明明妈妈拿起一片银杏叶："这是银杏叶，像一个小扇子，对吗？"明明盯了一会儿："对，像小扇子"。接着，明明妈妈又不知道该说什么了。

明明妈妈感觉自己不会描述，词汇量又少，不知道怎么引导孩子。该怎么办呢？诺贝尔物理学奖获得者理查德·费曼曾说："最

好的教育理念就是没有教育理念，用任何可能的方法去教。我对科学有兴趣只是因为我想了解这个世界，我发现越多，探索世界这件事情就越美妙。"

在理查德·费曼的早期教育中，父亲麦尔维尔与他沟通的方式像是在费曼身上灌注了一种对于大自然的美的赞叹和欣赏，并使费曼产生了与别人分享这种感受的灼人的欲望。

我们该如何引导孩子通过观察来表达呢？

不要带有功利心地去教孩子认识事物，而是寻找观察事物的乐趣。小时候，有一次理查德·费曼跟小伙伴在田野里玩。一个小孩问费曼："你看！你知道那是什么鸟吗？"理查德·费曼说："我可不知道。"那小孩炫耀地说："这是brown throated thrush。"孩子又加了一句："你爸什么也没教你？"但事实恰恰相反，费曼的爸爸教过他。

他爸爸指着那只鸟对他说："你知道这是什么鸟吗？这是brown throated thrush。在葡萄牙语里，它叫……在意大利语里，它叫……在汉语里就叫……用日语叫是……但你只知道这鸟的名字，就算你会用世界上所有的语言去称呼它，其实对这鸟还是一无所知。你所知道的仅仅是不同地方的人怎么称呼这种鸟而已。现在，我们大家一起来好好看看这只鸟。"

爸爸教费曼要去观察事物。观察是一种过程，是细节，是从具体到抽象的理解，更是深度认知和独立思考的基础。比如看到鸟，不要急着告诉孩子这个鸟的名字，可以让孩子看看小鸟在干什么，如果小鸟在啄羽毛，这时就是一个好时机，从问"为什么"开始。费曼爸爸认为质疑和提出问题是科学家的灵魂，所以会在合适的时机提出问题："为什么小鸟喜欢啄羽毛呢？"

费曼说因为小鸟在整理羽毛，爸爸又接着问：“什么时候弄乱的呢？为什么会弄乱呢？”于是费曼又开始观察，观察到的结果：鸟不管在地上走多久都要啄羽毛。

这时答案不正确，爸爸就告诉费曼真正的原因：“因为鸟身上有虱子。鸟的羽毛会掉下来一些小皮屑，虱子就吃这个。”这时费曼就理解了寄生的概念。虽然孩子观察的结果不一定跟最初的想法一致，但是观察的过程却是很有价值的，结果是经过孩子自己分析得出来的结论，就像在细碎的沙石里发现一块金子，会让孩子体会到乐趣和成就感，这是一件很美妙的事情。

这种美妙是孩子想要与人分享的源泉，从孩子的内心汩汩地向外流淌，观察得越投入，分享就越畅快。

2 通过经验与观察找到规律，让孩子的语言说到点子上

当孩子有了实际经验后，再通过观察去寻找事物的规律，在这种过程中，孩子的自我效能感会加强，表达也会由衷的自豪。

欢欢有一天特别骄傲地告诉妈妈：“老师让全班每个同学都在学校的院子里播一颗种子，这学期种子开始发芽了。我的那颗种子，是所有播种的种子中长得最高最壮的！”妈妈：“这么好运气，恭喜宝贝！”

欢欢噘着嘴说：“这才不是运气，是我观察出来的！在播种之前，我仔细观察了地形，发现有一块地阳光最充足，而且全天不受任何树木和建筑阴影的遮挡，而且学校花园的喷水器也能喷到我

的种子，这块地肯定是最好的播种地，所以我的种子才会长得又高又壮。"

妈妈会心一笑："原来如此，欢欢观察果然很仔细。"欢欢妈妈在自家的院子里种了些菜，带着欢欢一起耕耘收获，并发现在阳光充足的一角，西红柿生长得明显比别的地方要茂盛得多。欢欢是在学习妈妈的播种之道。

通过观察，孩子会通过自己的经验来认识世界，发现事物背后的规律，孩子的表达过程也在自然的经验过程中得到提升。如果刻意生硬地告诉孩子道理或者知识，就会超出孩子能够理解的经验范围，孩子自然不会喜欢。

教育家杜威认为，儿童的可塑性完全不同于泥巴或蜡的可塑性，它并不是因受外来压力就改变形式的一种能力，儿童的可塑性必须以孩子自身从前经验为发酵剂，经验中的成功或失败作为一种成长训练，催化了儿童改变自己行为的力量。

不是要教知识，而是让孩子能够通过观察体验到美好的感受，从中发现规律，再去思考抽象的意义。这个过程很神秘也很奇妙，孩子会感受到发现的震撼，在表达上的逻辑和细节感都会提高。

3 回归自然的户外体验，让孩子的表达如矿藏般丰满

叶面上的纹理、树根的盘根错节、花瓣的触感，抑或是表面粗糙的石子儿，当孩子亲手接触它们时，就会产生各种感知的体验，如果在这个过程中引导孩子的表达，会让孩子捕捉对语言的感受，

慢慢建构孩子们对语言的理解和认知，奠定孩子表达的基础。

《卡尔·威特的教育》中老卡尔·威特先生也经常带卡尔出去散步，边走边给卡尔讲解路边的花朵的结构、岩石的形成、昆虫的分类，等等，来丰富卡尔对世界的认知。"真正的世界不在你的书或地图中，而是在门外。"《霍比特人1：意外之旅》中如是说。

旅行，是孩子感受世界的方式，也是提升孩子表达力最好的方式之一。在旅行中，孩子通过观察、聆听、触摸等多种方式，表达的欲望会更强烈。观察事物，可以从对比概念入手。

米兜妈妈从米兜3岁开始，就带着米兜去旅行。一次去洛阳赏花，妈妈问："米兜，刚才看过了牡丹，现在看到的是芍药，你能看出它们的区别吗？"米兜认认真真地观察了芍药一会儿说："妈妈，咱们回去看看牡丹吧，我忘记牡丹什么样了。"

于是又原路返回，观察前面看过的牡丹。"米兜，看出差别了吗？"米兜不吭声，又急匆匆拉着妈妈："走，咱们再去看芍药。"又观察了好一会儿，米兜说："牡丹花比芍药花大，牡丹花开在顶上，芍药花开在中间。"

米兜说得还是挺有道理的，妈妈忍不住夸她："你的观察能力太棒了，妈妈没有注意花朵的位置。你再观察观察，看看有没有别的区别？"米兜想了想，摇头说："没发现别的。"

妈妈继续启发她："观察事物要观察整体，比如牡丹花除了花以外还有茎和叶，你都认真观察了吗？"米兜眨巴着眼睛："是的，我没有观察叶子，我要好好看看。"又观察了一会儿，米兜说："叶子不一样，牡丹叶子宽，芍药叶子窄，而且芍药叶子的颜色比牡丹叶子深。妈妈，我说得对吧？"妈妈用百度一搜，竟然全被米兜说中了。

"米兜观察能力好强啊，你竟然全说对了。"妈妈惊喜地叫道。米兜听到妈妈这样说，嘴巴咧得半天都合不拢。

陌生环境中精致美妙的风景与人文，让孩子产生新鲜、丰富的感受，孩子的表达在无意识中慢慢宽广和细腻，化为一种内在的滋养。

这样的经历像是深深扎根在孩子的心里，越是领略过各种波澜壮阔或细腻人文，孩子的内心也就越丰富，胸怀越开阔，越容易接纳各种各样的声音，表达也越具魅力，像是被魔杖点过一样。

练习工具 ›

培育植物

如何实践呢？我们可以带孩子去花鸟市场，买植物的种子，和孩子一起培育，从最开始带着孩子撒种子，然后到让孩子观察它的萌芽、生长，最后开花，再引导孩子收集种子。让孩子有一个完整的对植物生长周期的认识，同时我们可以做一些科普小教育，甚至可以由此引导孩子对于人生进行思考。

比如说种向日葵，向日葵的发芽率很高，而且最后会开很美的花，孩子会很有成就感。我们可以边培育边让孩子思考和表达。

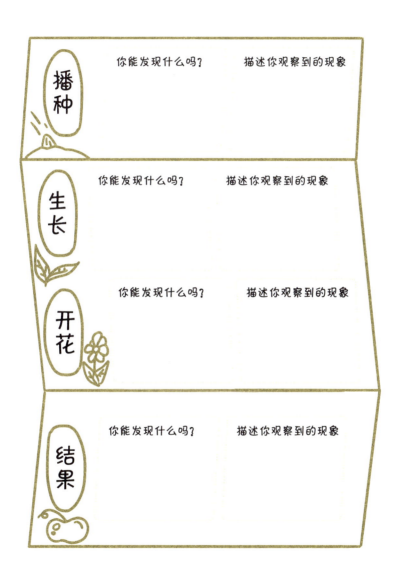

播种　　你能发现什么吗？　　　描述你观察到的现象

生长　　你能发现什么吗？　　　描述你观察到的现象

开花　　你能发现什么吗？　　　描述你观察到的现象

结果　　你能发现什么吗？　　　描述你观察到的现象

播种 让孩子想想："我们为什么要把种子放在土里面？可以放在水里面吗？"

生长 向日葵的种子三四天就能发芽，我们给它施肥和浇水，向日葵会长得又快又好。我们可以问问孩子："为什么要给向日葵施肥和浇水？还想到了什么？生活中有哪些也和施肥、浇水相似的事情呢？"

我们可以用对比的方式，让孩子想想喂养小动物、培养孩子与培育向日葵之间的相似之处。

开花 50天左右的时候，向日葵会陆续地开花了。让孩子好好地观察花朵，我们也可以跟孩子讲讲舌状花和管状花的知识，丰富孩子知识的广度。

结果 向日葵开花的时候是向阳昂着头的，一旦结果后，就沉甸甸地垂下了骄傲的脸庞。妈妈这时候就可以借向日葵给小孩上素质课啦。

当孩子有了实际经验后，再通过观察去寻找事物的规律，在这种过程中，孩子的自我效能感会加强，表达也会有自己的观点，与众不同。

好奇心是孩子永远的老师，通过观察、体验和表达，带着孩子拨开云雾见天日，学会深入思考问题，形成孩子独特的演说风格。

第五章
培养孩子的演说逻辑

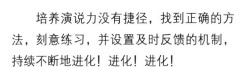

　　培养演说力没有捷径，找到正确的方法，刻意练习，并设置及时反馈的机制，持续不断地进化！进化！进化！

第1节

拥有经济学思维，让孩子的表达更理性

问问孩子："这样东西对你有什么帮助？如果没有这样东西会怎么样？"帮孩子练习从"想要"的东西中找出"需要"的东西，梳理自己的欲望，确定自己的真正需求。

① 区别需要和想要

在我的"正面管教"家长课堂里有一位妈妈，老公经常出差，即使回来了也是玩手机，对孩子不管不问，孩子都是她一个人带。她说一个人带孩子脾气也容易急躁，在家说好的不买玩具，可是带孩子出去，孩子一看到别的孩子有玩具就想要。她不给买，孩子就发脾气，也不管是人多还是人少。

她好好跟孩子说不行，非要她发脾气，孩子才会好好地跟她走。家里的玩具一大堆，可孩子每次看到新的玩具就是想要。她知道不能总满足孩子，但是看孩子非常想要，也非常纠结，每到这个时候就很焦虑，不知道要不要给孩子买玩具。

到底应不应该给孩子买玩具，我们总是下意识地延迟满足、不

情不愿地满足或者干脆不满足，这样真的好吗？难道满足就好吗？这并不是一个非黑即白的问题。我问她一个启发式的问题："关于买玩具，有没有问一问孩子的看法？"她说她已经跟孩子说过了，家里有玩具就不能买，我说那孩子怎么看呢？她说孩子也同意了呀。

我继续问："孩子是在什么情况下同意的呢？他的想法是什么你了解吗，玩具对他来说是必需的，还是想要的，他自己了解吗？"她说这个倒真不知道。我们连孩子的想法都不知道，就逼着孩子听我们的，孩子会怎么想呢？孩子会觉得自己是无能的，只能听妈妈的话、看妈妈的脸色，才能得到自己想要的，如果不屈服后果就会很严重。

我们需要去跟孩子聊一聊，了解孩子更多的想法，引导孩子去思考，到底什么是他需要的，什么是他想要的，如何让孩子自己做出理性的选择，我们应该思考该怎么帮助孩子，而不是想着要不要给他买玩具。

《认识商业》中说，经济学是理性选择的社会科学，让孩子能做理性选择本质上是让孩子做经济学启蒙的工作。在国外，小朋友在幼儿园和小学低年级阶段，就会开始做一种练习，就是区分需要和想要（Needs and Wants）：给孩子一样东西，让他们区分，这是你需要的，还是你想要的？这是孩子"经济学或商业教育"的一个重要起点。

为什么这样说呢？资源是有限的，欲望是无限的，孩子需要在有限的资源当中做出选择，而做出任何一项选择都会放弃另一项选择的价值，这份价值也就是我们所付出的机会成本，它的含义已经远远超过了价格成本，这样的价值成本也会让孩子慢慢学会找到自己需要的或者真正想要的，表达更为理性。

比如孩子又想要汽车玩具，又想要超人玩具，可是你只给他买一个，不愿意满足他所有的想法，他只能选择他当时最需要的。假如孩子选择的是买汽车玩具，家里又有很多的汽车玩具，那么他就失去了对超人玩具探索的乐趣，而这种探索带给他的体验是他玩汽车玩具所感受不到的。

玩耍是孩子需要的，但是可以有各种各样的想法来达到满足需求的目的。当我们能够关注孩子的需要，那么帮助孩子满足需要的方法就有很多，孩子通过对比，会找到满足自己的最合适的方式，很可能会发现汽车玩具真的就是自己想要的，还有可能发现比玩具更好玩的是妈妈带他去游乐场。

在《非暴力沟通》当中，马歇尔把需要分为七种：自由选择、庆祝、言行一致、滋养身体、玩耍、情意相通和相互依存。需要是有助于生命健康成长的要素，而不是某种具体的行为，一种要素能否被当成需要，关键是在于它能否促进生命的健康成长。

如何帮助孩子去理解呢？我们来读这本 *Needs and Wants*（《需要和想要》），创作者 Marne Ventura 是一位儿童作家，创作了一系列的儿童绘本，这本英文绘本可以在亚马逊上买到。绘本讲了一个什么样的故事呢？我们读读看。

这本书介绍了很多小朋友的需要和想要，我们慢慢地能够发现，需要和想要的区别。

　　我们都需要东西。我们需要食物、水和空气。我们也需要家和衣服。

　　我们都想要东西。我们想要让我们高兴的东西。我们想要有趣的东西。

　　Erin需要喝水。她想要喝一杯柠檬水。

　　Jacob需要吃东西。他晚饭想要吃意大利面。

　　Erin冬天需要一件暖和的大衣。她想要一件红色长大衣。

　　Jacob需要呼吸空气。他想要有风来放风筝。

　　Erin需要远离暴风雨。她想要躲在她的床下。

　　Jacob需要一种方法到达学校。Jacob想要一辆新自行车。

　　Erin需要在学校读一本书。她想要读一本搞笑的书。

　　你想要什么样的东西。你真的需要这些东西吗?

　　绘本中提到的空气、水、食物和住所，属于人的基本需求（Needs），没有这些我们就无法生存；而玩具、糖果、宠物、手机等，是我们希望有的东西（Wants），但没有它们，我们可以有别的选择。

　　所以我们看到了基本需求是永恒的，而想要是多变的。当孩子每次做选择时，需要去辨别需要和想要，才能做出更理性的选择。但其实区别需要和想要并不容易，需要刻意去练习。

2 感受的根源来自需要

从小我们就很少被鼓励要表达自己的需要，爸爸妈妈要求我们听话，我们也会慢慢地忽视自己需要什么。《非暴力沟通》中指出："感受根源于我们的需要。"

我们之所以有负面情绪，是因为我们的需要没有得到满足，但其实满足需要的方式有很多种。如何发现呢？在国外，老师会让孩子通过做游戏，进而让孩子们联系实际生活，做一些练习，让孩子们区分哪些是我们需要的东西，哪些是想要的东西。

比如，假设孩子们要乘坐飞机参加一次远途旅行，带了"行李"过"安检"。"安检人员"告诉孩子：你只能带五件行李上飞机，必须把多余的东西拿出行李箱。

孩子们会很苦恼，每样东西我都想要，到底可以放弃什么、留下什么呢？这时候，老师就会让孩子们分析：你为什么带这些行李，哪些东西是需要的，哪些是想要的……最终，孩子们经过思考和筛选，每个人留下了五件他们觉得自己最最需要的东西。而有些需要的东西可以通过互相分享来得到满足，比如孩子想带上iPad，同行的好朋友也有iPad，就可以分享使用。

平时用句式来练习：

"我需要＿＿＿＿＿＿＿＿＿＿＿＿＿＿＿＿＿＿＿＿＿＿，
是因为＿＿＿＿＿＿＿＿＿＿＿＿＿＿＿。"

"我想要＿＿＿＿＿＿＿＿＿＿＿＿＿＿＿＿＿＿＿＿＿＿，
是因为＿＿＿＿＿＿＿＿＿＿＿＿＿＿＿。"

区分需要和想要有时候会很复杂，所以国外的教育学家建议，和孩子讨论这个问题时，不要把焦点放在"我想要什么"上面，而应该多讨论"这样东西对我有什么意义"。

问问孩子："这样东西对你有什么帮助？如果没有这样东西会怎么样？"帮孩子练习从"想要"的东西中找出"需要"的东西，梳理自己的欲望，确定自己的真正需求。孩子每次选择的背后，也都蕴含着机会成本的选择。因为懂得机会成本的孩子，每次在做决定时，将会针对最坏或可能会发生的状况做推论以及盘算。

《认识商业》中说："在市场经济中，一个人只有为别人创造价值，才能获得自己的利益。这就是市场经济的奇妙。"我们在培养孩子的价值观中，也要多引导他去思考他为别人创造了什么样的价值，这样他做的事情才更有意义。问问孩子："这样东西对别人有什么帮助？如果没有这样东西会怎样？"当孩子这样思考的时候，做人的格局也在不断提升。

案例：孩子想要看动画片

第一步：问问孩子："你想要看动画片，是因为什么呢？"

可能是："我想要看动画片，因为里面有小猪佩奇的故事。"

可能是："我想看动画片，因为好奇小猪佩奇今天发生了什么事。"

第二步："看《小猪佩奇》对你有什么帮助？如果不看会怎样？"

可能是："会帮助我解决问题，没有也没什么。"

可能是："让我开心，不看会很难过。"

第三步："你看《小猪佩奇》对妈妈有什么帮助吗？如果不看会怎样？"

可能是："就不能帮助妈妈收拾房间了。不看可以帮妈妈收拾房间。"

可能是："让妈妈可以做自己的事情，不看就想让妈妈陪我玩。"

当孩子越能够表达自己的需要，也就越能够区分事情背后的价值，做出更理性的选择。

练习工具 ▶

三个透明罐子背后的价值

在孩子熟练运用"想要"和"需要"，了解机会成本的概念之后，我们可以用3个透明罐子，建立孩子基础的理财价值观。罐子装什么？装孩子的零用钱。

发给孩子的零用钱，存到3个不同的透明的存钱罐里：Save（存）、Spend（花）、Give（捐）。这种分法，与我们理财预算的基本概念是相同的，也是从小就开始建立理财价值观的最好办法。

　　"Save"可以培养孩子为长远目标等待的耐心，培养孩子延迟满足和自我控制的能力，而研究发现自我控制能力相比孩子的社会阶层和IQ，能够更为准确地预言他们长大后的财政状况。

　　"Spend"可以教导孩子如何对待自己想要和需要的东西，如何货比三家，如何理性地选择，如何区别"需要"和"想要"。

　　"Give"则可以教养出懂得付出与感恩的慈善之心，这一点同样重要，培养孩子的同理心和公德心。

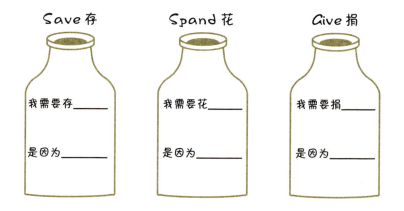

　　开始我们帮孩子决定每个存钱罐该分配多少钱，随着孩子年龄的增长，可以给孩子更多自主权去分配这些钱。有一点很重要，那就是必须使用透明罐子，让孩子能够看到里面有多少钱，钱的增多和减少一眼可见。

　　虽然零用钱的金额很小，孩子在3个罐子的使用中也会出现选择失误。比如：一时冲动把100元钱花在一套汽车模型上面，事后当他的零用钱不够去购买真正需要的东西时，就会感到后悔。

　　同时通过帮助孩子建立评估方式来看看自己当初的选择，每6个月左右和孩子一起做一番清理工作。可以问问孩子："你当初在商场花了100元买回这件汽车模型，现在我们要把它扔掉了。花出去的100元收回来了吗？"

　　经常提醒孩子进行这样的评估，可以帮助孩子逐渐形成健康的价值观，比如，购物的快乐很短暂，但是愉快体验会在他的脑海中长久逗留。

　　需要和想要的判断标准没有统一答案，每个家庭可以根据自己的实际情况进行设置。重要的是，有了这3个罐子，就能够训练孩子的思维方式，帮助他们分辨自己的欲望，从而学会运用理性判断进行购买决策。

　　每个孩子都需要学点经济学，而且越早越好。拥有经济学思维，孩子才能在这个物欲横流的社会拥有更理性的选择。

认知思维：布鲁姆认知思维模型

> 对孩子来说，去感知变化的能力是最重要的。或许我这样是有点自卖自夸，我是想通过绘本让孩子有独立思考的能力。
>
> ——日本绘本大师 五味太郎

① 借助绘本，引发孩子无限联想

最近和我一个做科学素养夏令营的朋友聊天，聊到孩子上课的反馈，印象很深的是她说，孩子们在做煤油灯和交流照明灯的实验之后，老师问照明灯是如何发出光的，大部分孩子都是瞪大眼睛看着老师，等着老师给出现成的答案，很少有孩子主动说出自己的想法。

美国心理学教授丹尼尔·威林在《为什么学生不喜欢上学》这本书中讲到这样一个认知原理："人类天生好奇，但并不是天生擅长思考。"在什么情况下孩子愿意思考呢？就是在思考和解决问题的过程中，大脑会产生多巴胺，会让孩子有快乐的感觉。

如果问题在孩子的舒适区，孩子觉得无聊；如果问题在孩子的恐慌区，孩子会有挫败感，甚至不敢回答。真正好的问题是在孩子的学习区，这样的问题就是孩子跳一跳就能够得着的问题，解决这样的问题会让孩子有成就感，他就会沉浸在探索的世界里，通过探索和实践，形成自己有价值的观点。

如何提出适合孩子学习区的问题，培养孩子的独立思考能力？要知道，问得对比问得多更重要。孩子的思维能力发展是阶梯性的，一定要尊重孩子的认知发展进度和能力水平，从最底层的思维能力开始训练，帮助他"搭梯子"，让他一步步循序渐进地发展独立思考的能力。

心理学家埃里克森把人的心理发展分成8个阶段，他认为每一个阶段都有一种主要冲突，冲突是先天预定的，如果处理得好，孩子就能恰当地应对接下来的困难，如果处理不好，就会有问题。

埃里克森的第三阶段（3～6岁）的主要冲突是主动和内疚的冲突，也是培养孩子独立自主能力的关键阶段。这个阶段的孩子特别想自己解决问题，想尝试新鲜事物，如果做不好，就有内疚和罪恶感。

所以我们既要尊重孩子的好奇心，也要有能力帮助他在一个又一个问题的解决中，找到学习的快乐。如果我们的问题一直停留在低阶层面，孩子的思考能力不会自动提高到新的层面，这期间需要有"诱因"，也就是教育环境，而这当中最关键的就是我们是否有意识地针对这个层面的能力进行启发式提问，来鼓励孩子一层层习得独立思考能力。

孩子的思考能力是一步步被培养起来的，有了独立思考能力，孩子的表达才更有说服力和影响力。我们用绘本《灰袍奶奶和草莓盗贼》来说说具体怎样循序渐进地培养孩子相对应的思考能力。

为什么用这本绘本《灰袍奶奶和草莓盗贼》呢？这是一本无字书，无字书比有字书会给孩子更多的想象空间。这本无字书是茉莉·班精心创作的，为了把草莓画得鲜美动人，她买了草莓，对着草莓画画。她女儿很想吃，但是她说要等画完之后才能吃。有一天早上起来，她发现草莓少了几个，原来前天夜里，一个小小的草莓盗贼溜了进来。

她和女儿的故事也给了她无限灵感，于是她继续创作，获得了美国图画书的最高奖——凯迪克奖银奖，也入选美国图书馆学会推荐书单。

这本书讲了一个什么故事呢？

有一天，灰袍奶奶在水果店买了一篮新鲜可口的草莓，这篮草莓一定很好吃，因为图画中灰袍奶奶的眼睛一直盯着看。她把它拎回家时，却被一个带着紫色大帽子、蓝手蓝脸蓝脚的草莓盗贼跟上了。

他悄悄地跟在灰袍奶奶的身后，草莓盗贼的腿又细又长，他把贼手伸向灰袍奶奶的草莓，却被灰袍奶奶一闪躲开，然后跳上了公共汽车，在一个小站下了车。

可是没想到，草莓盗贼踩着滑板追了过来。于是，灰袍奶奶逃进了沼泽森林，可是草莓盗贼一直跟了上来。灰袍奶奶把他引到了一片野草莓前，草莓盗贼尝了尝，嗯，好甜呀。他不再追着灰袍奶奶偷草莓了，而是坐在地上，大口地吃起野草莓来。

灰袍奶奶回到家里，一家人兴高采烈，手舞足蹈地吃起了草莓。

这本无字书里面，不仅有一个惊心动魄的故事，还有很多有趣的小细节。比如草莓盗贼的脚后跟一抬起来，地上就长出一串蘑菇；草莓盗贼准备偷草莓的时候，灰袍奶奶一无所知，可是门把手愤怒地瞪圆了眼睛，所以灰袍奶奶发现了草莓盗贼，她一闪，草莓盗贼就扑了一个空。

这些有趣的小细节会让孩子沉醉其中，禁不住想为什么会这样呢？在这样浮想联翩的细节中，我们可以慢慢培养孩子认知思考能力。Dr.魏在《Dr.魏的家庭教育宝典》里提到："现在很多人批判死记硬背，提倡教孩子批判性思维。但是，推理、判断、问题解决等批判性思考过程，需要调用基本的背景知识。"

这些基本的背景知识就是需要记忆的，如果长期记忆里存的相关知识多，就有助于思考。所以培养孩子的独立思考能力，先得做好记忆储备工作才行。如何开始呢？有没有一个科学系统的方式帮助孩子循序渐进地培养独立思考能力呢？

② 独立思考的六层台阶

心理学家布鲁姆关于思维认知的6个层次对思考能力进行了分类，从低阶到高阶一共6层，思考能力发展是从底层开始的，就像上楼梯一样，一层一层逐步上到最高层。从低阶到高阶的思维层次分别是：记忆、理解、应用、分析、评价、创造。我们通常习惯问的"记住没有""对不对""有什么"这样的问题都是第一层的低阶思考能力。

第一层: 记忆

记忆事物的基本信息，也是孩子最基础的认知能力。孩子通过记忆，可以回答人、事、物的基础问题。我们通过5W提问式让孩子记忆相关信息: Why（为什么）、What（是什么）、Where（在哪儿）、Who（谁）、When（什么时候）。

针对《灰袍奶奶和草莓盗贼》，可以提问: 故事里有谁? 他们在哪儿? 草莓盗贼想要偷什么? 你觉得故事是发生在什么时候呢? 为什么草莓盗贼想要去偷草莓? 通过简单的提问，帮助孩子记忆和认知。

孩子的记忆不是他想要记的事，而是他思考过的事。所以孩子看过不代表都能记住，记忆类的问题能够记住的知识点就像是一个大厨手里的食材，如果想做一桌子美味佳肴，没有丰盛的食材，计划只能失败。

第二层: 理解

当孩子能够记住相关的基本信息，我们就可以用理解类的问题让孩子的思考能力上一层台阶，帮助孩子进一步理解事情的发展和故事的大概。理解类的问题用到的方式有解释、举例、分类、总结、推断、比较和说明。

我们可以这样提问: 故事主要想说明什么? 为什么草莓盗贼脚下会有蘑菇? 草莓盗贼和一般盗贼有什么不同? 在帮助孩子去理解时，用关键词"为什么""说明了""有什么不同"来看看孩子理解的程度。理解类的问题就像给各种食材洗洗切切，把大的知识点切成小块，便于孩子吸收理解。

第三层: 应用

当孩子理解后，就可以把学到的知识和现实中的场景结合起来，来融会贯通地应用信息，这层认知能力的培养有助于孩子深入思考和解决问题。我们可以这样提问: 如果草莓盗贼偷了草莓，会发生什么情况？草莓盗贼除了想偷草莓，他可能还想偷什么呢？灰袍奶奶还可以用哪些方法不让草莓盗贼看到？

提问的关键词可以是: "有什么情况是一样的？""还有……的方式吗？""如果……就会发生什么情况？"这一步的关键在于让孩子学会去应用到自己的生活中，能够举一反三地解决问题，应用多了，孩子解决问题的能力也会增强。

应用类的问题就好比根据食材的特点来处理食材，该蒸煮的蒸煮，该腌制的腌制，让食材各尽其用，让知识点能够在不同场景下发挥作用。

第四层: 分析

当孩子能够融会贯通地应用信息后，他会有很多的想法，想法一旦多了，就可能会乱。知识之所以能变成技能，就是通过建立框架结构实现的，这样的框架结构会让孩子思路清楚。

如何建立框架呢？我们需要引导孩子去分析部分和整体的联

系，通过区分、组织、归类来做分析，找共性或不同，分类或合并，帮助孩子理清思路。

比如可以这样来提问：你觉得灰袍奶奶的逃跑路线，哪个最好？为什么？你有什么办法能够让草莓盗贼不再偷草莓了呢？你觉得草莓盗贼可能会住在哪里呢？

多让孩子用发散式的想法去归类、比较，不仅仅问故事情节里的问题；还可以联系孩子的实际生活进行相关提问，甚至可以让孩子尝试问类似的问题。在这里，家长也要鼓励孩子学会收集证据来证明自己的观点。

用一些句式来帮助孩子的表达：

"我（不）同意，因为……"

"我觉得，因为……"

"我推断，因为……"

"我预测，因为……"

"我怀疑，因为……"

"我的理论是，因为……"

引导的重点是要引导孩子把原因的部分表达清楚。在这个层面家长还可以和孩子做简单的辩论，彼此找到证据来证明自己的观点，强化孩子对信息的整理能力，为下一阶段的思考做铺垫。

分析问题就好比根据食材的色泽、烹饪的时长来决定可以在食材里做加法还是做减法，让每种食材都根据你的判断分析呈现出属于你的个性化味道。

第五层: 评估

在这一层，我们需要引导孩子评出合理和不合理的地方，然后有理有据地提出自己的观点。比如，我们提问："你觉得灰袍奶奶有哪些特点你很喜欢，为什么？""为什么你觉得灰袍奶奶这样做是对的？""灰袍奶奶为什么要穿灰色的衣服，你有其他的建议吗？"

评估类问题是自我反省的过程，就好比我们做好了一桌子的美味菜肴，现在我们来反思下每道菜为什么这么好吃，或者没做好的原因在哪儿。评估也是独立思考的核心，因为包括评价对方和反省自己两层思路，在评价的问题上多多训练，能够让孩子不断地对自己的行为进行优化，对别人的行为保持自己独特的想法，不轻易赞同或否定。

第六层: 创造

当孩子有自己独特的观点后，我们鼓励孩子进行综合性的创造，需要孩子进行归纳、计划和创作。

比如，我们可以提问："如果我们设计一个方案，让草莓盗贼和灰袍奶奶成为好朋友，你觉得还需要什么条件呢？""有什么样的方法能够改变草莓盗贼，让他变好呢？""你来设计一个防盗的草莓盒子，只要别人一碰，草莓盒子就会发出警报，看看需要什么工具？"

创造性问题是最高的思维层次，它是一种能力，更是一种态度。真正的高手都是在创造层面去解决问题的，好比周星驰在《食神》里创作的黯然销魂饭，吃的人都会默默流泪，因为太好吃，也太令人难忘。他之所以能够创作出这样的作品不仅源于他丰富的经验，更源于对食材创作的热爱。

"教育不是灌满一桶水，而是点燃一把火"，只有让孩子真正产生学习的热情，他才会有新的想法，发展出新的思维方式。更重要的是，能够创造性地解决问题是一个社会过程，大多数思考过程都是跟他人联系在一起的，孩子需要分享自己的想法，从别人那里得到反馈，彼此借鉴灵感，也会在这个层面获得更大的成就感。

一步一个脚印，循序渐进地带着孩子攀登思考的台阶，不用担心孩子的年龄，什么时候开始提问都不晚。孩子在逐渐攀爬认知思维的台阶中，表达会逐渐有理有据，逻辑清晰，对任何人、任何事不会轻易盲从，而是有自己的观点。更重要的是，孩子会不断地思考，提出更精准的问题。

练习工具 >

玩转问题轮，打好认知思维的基础

小时候，我们经常习惯等待大人的答案，很少被训练如何去提问。在漫长的应试训练中，我们总是想要解决问题，没兴趣提问，慢慢地丧失了发现问题、独立思考的能力。

实际上，提出一个好问题要比解决问题重要得多，问对问题才能做对事情，爱因斯坦曾说："如果我有一个小时去解开一个性命攸关的困局，我会用其中55分钟的时间去确定应该去提出什么样的问题。"

独立思考的培养是一个长期的过程，我们可以小步前进，先做好第一步记忆类问题的训练。无论是看绘本还是遇到一件事情，要让孩子学会问自己5W1H类的问题。世界上任何大事小事，都可以用通过这样的提问问出有用的信息来。

如果硬要孩子记住这6类问题有点难，可以带着孩子玩问题选择轮的游戏。问题选择轮是给孩子更多选择，让孩子有更多权利提问，并且能想出更多问题的好形式。

制作过程第一步：

和孩子一起学习6类问题如何问，全部列出来，让孩子练习可以问的问题和各种问题的问法，把孩子的答案一一写下来。

Who——这是谁在说？熟人？陌生人？权威人士？想想重要不重要？

What——他们在说什么？这是一个事实还是一个想法？他们说话有足够的根据吗？他们是不是有所保留，有的话出于某种原因没说出来？

Where——他们在哪里说的这些话？在公共场合还是私下里？其他人有机会发表不同意见吗？

When——他们什么时候说的？是在事情发生前、发生中，还是发生后？

Why——为什么他们会这么说？他们对自己的观点解释得充分吗？他们是不是有意在美化或丑化一些人？

How——他们是怎么说的？他们说的时候看上去开心吗？难过吗？生气吗？真心吗？仅仅是口头表达的，还是写成了文字？

第二步：用硬纸做一个圆盘，按孩子的答案分成六等份，请孩子将刚才纸上的答案写或画在圆盘的各等份上（如下图所示）；再用硬纸做成第二个等大的圆盘，也是画出六等份，但是剪去其中一个等份扇形，用双脚钉将第二个圆盘钉在第一个圆盘之上，钉住两个纸盘的圆心，这样扇形空出的空间就可以看到一个等份的答案。这样，问题选择轮就做好了。

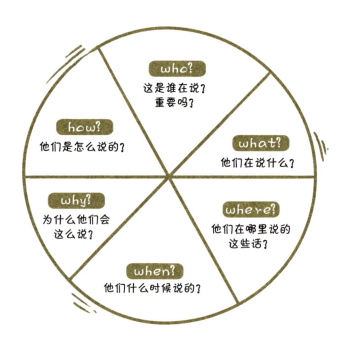

第三步：当孩子读绘本时、遇到问题时，让孩子自己转转问题选择轮，转到哪一类问题，就练习这类问题的提问。

教育学博士罗超猛在《现代教育报》上说："一般在美国一个学龄前孩子每年起码会问400个问题。在美国人看来，打破砂锅问到底，绝对是件好事。"让孩子学会独立思考前，先要学会提问。

好的提问能帮孩子比较深入和透彻地理解一件事，能够发现问题、解决问题，这个过程能促进孩子去主动学习和探索，在今后的学习中，提问也有助于提升孩子的阅读理解能力，激发好奇心。

我们要按照这6层台阶从提问开始带着孩子一层层攀爬，培养孩子的独立思考能力，而不仅仅是学知识，因为思考能力比干货知识的"升值"潜力大多了。

故事思维: 讲好故事的魔力

你可能有这样的经历, 带孩子参加朋友的家庭聚会, 期待孩子能在大家面前做个自我介绍, 所以去之前就跟孩子沟通好了, 可是孩子在大家面前扭扭捏捏不愿意开口, 家长甚至 "利诱" 孩子: "你要说的话, 妈妈就给你买小猪佩奇的玩具。" 可是孩子就是不开口。

下次我们换种方式, 用讲故事的形式鼓励孩子: "昨天妈妈在新华书店的电梯里, 遇到一个头发花白的老奶奶, 她很自豪地告诉我她女儿是中央电视台少儿节目主持人月亮姐姐, 她跟我分享了月亮姐姐最喜欢的句子: '你只要敢于开口, 你就是英雄。'"

这样一来, 我们就可能成功地唤起孩子的注意力, 然后给孩子讲一个内涵深刻的故事。故事能够在孩子的思想中发展并成长, 当孩子感受到故事中的真理, 他们就会想看到更远的目标, 接着会想要用正确的行动去实践它。

吉姆·西诺雷利在《认同感: 用故事包装事实的艺术》一书中提到, 故事大师告诉家长4种方法, 如果家长运用到跟孩子的交流当中, 孩子也会喜欢用故事的方式表达自己。

① 日常沟通: 修改你的故事版本

所有的故事都是有含义和有原因的, 我们可以用在日常对话中, 引起孩子好奇。

你因为工作开会到幼儿园接孩子迟到了一会儿, 孩子说:"妈妈, 别的家长早就来了, 你怎么来得这么迟? "

普通叙述:"今天妈妈工作开会, 会议的时间比较长, 所以妈妈迟了, 希望你能理解哦。"

故事思维的修改版:"今天妈妈工作开会, 会议的时间比较长, 所以妈妈接你来迟了, 希望你能理解哦。这次妈妈在会议上的一句话大家觉得特别受鼓舞。"

然后戛然而止, 留下悬念。家长可以在讲话时, 时不时看着孩子, 带着一点点观察, 让孩子充分感觉到他在你眼中的存在, 只需要保持"眼角观察", 不必"端详审视"。

仅仅增加了一个句子就会让孩子好奇妈妈做了什么样的发言, 并且妈妈努力工作的形象也更加伟大。家长的故事描述让孩子能联想到个人价值, 比如创新、探索、拼搏、不放弃, 等等。除此之外, 还要通过一种吸引人的方式将家长想表达的含义说出来。

孩子不喜欢听家长说教, 更喜欢通过自己的探索弄明白。这也是故事能够吸引孩子的原因之一。就像是优秀的电影、小说、诗歌不会向读者解释背后的含义, 而是让读者去思考一样。故事用悬疑的方式, 让孩子忍不住想提问, 会更加吸引孩子。

比如, 你想给孩子推荐一本书:"孩子, 你知道清华大学给新生准备的一份特殊的礼物吗? 这份礼物被看作文艺青年和普通青年的分水岭。"孩子一定会问你是什么，为什么会成为分水岭。

比如，你想跟孩子说努力学习的重要性，你可以这样来尝试："孩子，妈妈发现越是厉害的人越努力。今天知道一个爸爸要照顾两个宝宝，在3年里陪孩子读了300本书，在半年里拿到10个世界500强的工作机会，并且用两个月在职考上了财经类大学会计学博士。后来，你知道孩子变成什么样了吗？"孩子会很好奇其中的原因，不断地追问。

② 不断延续：留下一个想听的钩子

除了提供故事的清晰脉络之外，我们要给孩子一个主题，然后再自由发挥。这样孩子容易抓住你讲故事的重点。不然我们说完之后，孩子听得迷迷糊糊或者注意力就跑走了。

故事的爆点要放在前面，结论先行。提炼爆点的训练方法是，我们可以多看看报纸、新闻、公众号文章都喜欢用什么样的标题，通常标题就是文章的爆点。我们可以使用标题式引入对话，再接下来围绕爆点讲个故事，孩子会听得有滋有味。

比如，我们想教孩子和小朋友相处的方法，可以用标题式这样说："你知道什么是友谊的秘密吗？"孩子说："不知道。"

于是我们接着说："有棵小橡树，第一次结的果实——橡果，因为不好吃，受到了松鼠和森林里其他动物的嘲笑。从此小橡树变得很自卑，再也结不出橡果了。直到有只善良的小松鼠不断鼓励小橡树，让小橡树重新获得自信。秋天的时候，小橡树结了满满一树好吃的果子。"

孩子通过故事会慢慢体会到交朋友需要互相信任，互相鼓励。

③ 体会：通过故事，感受行为的对错

要想说得更精彩，就不能直接说出观点，而是要去构想故事的寓意，根据我们所相信的价值观来讲故事。就像真正勇敢的人不会说自己勇敢，值得信赖的人从来不会直接告诉你他是值得信赖的。

比如孩子有情绪的时候，我们要让孩子学会自我疏导，可以用故事来引导孩子："有个叫霍斯的小朋友今天和你一样过得很不高兴，他带着一肚子怨气回家。霍斯的妈妈有个好办法呢！"

设置悬念，等待孩子的问题，然后继续："那就是煮一锅'生气汤'！"我们要知道生气本就是孩子的正常情绪，不应该抵制孩子的情绪，而是要教孩子学会如何自我疏导。

孩子通过家长的引导，慢慢会了解原来每个故事里都有各自的价值观，同时想表达自己的观点可以用故事的方式呈现。

然后在故事里和孩子继续："霍斯妈妈煮了'生气汤'，那么你想怎么发泄你的情绪呢？"慢慢地，孩子就会说出自己的想法。

故事结局反着说

孩子如果喜欢听家长讲故事，有很大原因是希望从故事中感受到独特的视角和方式，能够联想更多，有更多维的感触。

我们希望孩子能有独立思考能力，能解决问题，就要让孩子看到很多不同的处理角度和方式。

比如绘本《纸袋公主》的情节，我们可以和孩子聊一聊："公主用她的机智制服大恶龙，救出了王子。可是王子看着眼前的公主，觉得她穿得破破烂烂，嫌弃公主。公主这时候做了什么呢？"

停顿，留白，等待孩子的问题

然后继续："公主一脚把王子踢飞，然后向着一片阳光飞奔而去。"跟往常的王子公主不一样，这个纸袋公主的处理方式太另类了，给孩子一个新颖的角度去思考故事的结局。也许随着阅读的增多和时间的积累，孩子会逐渐明白对于女孩子，精神上的独立自由远远要比嫁人重要。它告诉男孩子，你不是一旦西装革履就必然绅士，懂得尊重与感恩是成为精神贵族的第一步。

像这样，故事的结尾并不是公主和王子过上了幸福的生活。

我们在带着孩子阅读故事结尾的时候，可以用"如果某某不是这样做，结尾会怎样"，来锻炼孩子说故事的能力。

　　趋势专家丹尼尔·平克说:"讲故事将会成为21世纪最应具备的基本技能之一。"如何让孩子的表达更有魅力?当家长用故事思维跟孩子交流,孩子会被家长吸引,更喜欢跟家长交流,也会潜移默化地用故事思维与别人交流,去吸引别人。

　　但不要希望通过一两个故事立刻去影响孩子。《故事思维》提到:"影响就像镜头,一个镜头可以抓拍到漂亮的动作,一系列镜头才能展示多层次的行为。"平时生活中,多积累素材,多把故事用于场景中去练习,才能够激励孩子并引起共鸣和模仿,使孩子参与到价值观和信念的交流中。

第4节

如何通过区分事实与观点，让孩子的语言更有说服力

> 我们听到的不过只是一个观点，而非事实。我们看到的不过只是一个视角，而非真相。
>
> ——《沉思录》

① 原来，糨糊语言混在我们的表达里

丁丁生气地尖叫，就因为妈妈没让他去玩车上的把手。

"妈妈是个大坏蛋！"

妈妈又好气又好笑："车上的把手不能玩，危险，假如不小心把车门打开了，你掉下去怎么办！"

可是丁丁还是陷在自己情绪里："妈妈就是大坏蛋。"

妈妈问："为什么妈妈是大坏蛋啊？"

丁丁说："妈妈不让我玩，就是大坏蛋。"说完还觉得力度不够，又加一句："妈妈和大灰狼一样都是大坏蛋。"妈妈心想估计早上读《小红帽》的故事，孩子还记忆犹新。为了哄丁丁，妈妈变戏法般地从口袋里掏出一个橘子，丁丁一看到橘子，笑了。

"大灰狼是大坏蛋"就像千古不变的真理一样流传，然而却不是事实，只是一种观点。丁丁妈妈没有进一步解释，会给丁丁一种错觉，觉得妈妈也是这样认为。长此以往，丁丁表达的内容就会像糨糊一样拎不清。

因为这样的表达没有事实依据，是没有说服力的。要想让孩子的表达言之有物，就必须能够区别事实与观点。如果孩子对外界的信息没有分辨照单全收，是一件极其恐怖的事情。那么怎么区别事实与观点呢？

事实是能被证明是真还是假的内容。比如足球是一种运动；我们居住在地球上，等等。而观点则是表达一种信念、感觉、看法的陈述，不需要证明。比如，我觉得草莓很好吃，我爱妈妈，等等。

4岁的乐乐和妈妈一起在公交站等公交车，地上有废弃的几块红砖头，乐乐看到，就蹲下来把砖头一块一块垒起来，不一会儿手上、膝盖上全是灰，妈妈不乐意了："快起来，砖好脏，你看你裤子搞得这么脏，别弄了。"乐乐头也没抬："不要，我要玩。"妈妈急了："你不听话，一会儿警察就来抓你。"乐乐赶紧站起来，看看有没有警察来。

在和孩子沟通中，这种非事实的观点比比皆是："你不听话老虎会来咬你"，"妈妈不要你了"，"你是妈妈从垃圾堆里捡的"。如果我们经常说，孩子就会信以为真，内心会没有安全感，觉得自己不听话就会随时受到攻击，表面上是顺从了家长的意愿，但是胆量也会越来越小。

所以我们在引导上首先应从自身做起，跟孩子沟通事实和正确的观点，孩子才会慢慢分辨出事实和观点的区别。有时孩子听到的、看到的也很难分辨，但是孩子如果从小能有意识地去辨别别人的话里哪些是事实、哪些是观点，孩子对自我和世界的认知就会越来越清晰。有没有什么方法具体能够帮助孩子区分呢？

2 理清四个阶段，让孩子的表达逻辑自洽

在英美教育体系里，孩子从幼儿园到高中甚至大学的阅读与写作练习中，都会涉及事实和观点的辨析。

第一个阶段: 幼儿园到小学一二年级。我们多举日常生活中的例子让孩子做简单的区分练习

刚开始让孩子从简单的例子去学会分辨，什么是事实陈述，什么是观点陈述。经常区分事实与观点，孩子会清楚哪些是真实的事情，哪些是个人的观点，在表达上就不会像和稀泥一样混为一谈。

比如你拿出一个苹果，说"这是一个苹果"和"我爱吃苹果"，问孩子哪个是事实陈述，哪个是观点陈述，让孩子辨别。从解决问题的角度，要想先判定一句话究竟是观点还是事实，最好的办法就是帮助孩子重述这句话："这句话是想象出来的，还是真实存在的？"发挥想象，重新定义句子，本身就是解决问题的有效方式。

孩子通过不断地区分事实和观点，也会对自己的想法越来越了解。孩子会慢慢发现有很多形容词的句子，多半是一个观点，涉及

数字、历史的句子多半是事实。

第二个阶段: 小学中高年级时期，我们引导孩子要学会用事实去支撑自己的观点

教会孩子观点表达，比如在"我相信、我喜欢、我总是、我感觉、我从不"之类的观点后加上事实。

同时我们也要注意自己的语言，有时你不知不觉给孩子贴观点标签: "这个孩子真磨蹭"; "怎么这么笨"……所有这些观点都被当作事实强加给孩子，给孩子形成很强烈的心理暗示，这些心理暗示会跟随着孩子到成年，影响孩子的一生。所以我们的观点标签后也要加上事实。比如你可以说: "你好磨蹭，吃饭吃了45分钟。"

第三个阶段是初中时期，引导孩子看到即使是事实陈述，也会夹杂观点和偏见

比如在历史的撰写中，不同人写出来的事实陈述都是不同的。

我们可以和孩子找一篇新闻，问孩子: "你怎么确定这篇新闻是事实，还是观点?" "同样是新闻，不同平台的新闻有什么区别?" "有哪些文章把事实和观点混一块儿了?" "你觉得区分事实和观点容易吗?"

孩子会发现，文章的观点放在不同的位置，起到的作用也不一样。

第四个阶段是高中时期，这个阶段对孩子的思辨能力要求会更高

课堂上老师也会引导孩子在文章中去辨别那些伪装成事实的观点，分析作者可能的动机。

孩子慢慢能够辨别事实与观点，对自己和世界的认知都会比较清晰，在有偏见的观点面前，会敢于表达自己的想法，逻辑自洽的语言会更有说服力。

③ 结论先行，快速抓住别人的注意力

当孩子能够明白事实和观点的区别后，就可以在表达上获得先发优势，因为区别事实和观点是培养孩子批判性思维的起点。当孩子表达想法时，就可以先亮出自己的观点，然后用例子来证明，也就是结论先行。

这里说的结论，也就是观点，一次只表达一个想法，最好只出现在开头。为什么放在开头会比较好呢？

《金字塔原理》提到："受众的大脑只能逐句理解作者表达的思想，孩子们会假定一同出现的思想在逻辑上存在某种关系。"当孩子说一段话后，听的人只能一句一句地去理解，在这个过程中，有可能存在理解偏差，甚至搞不清孩子想表达什么。如果孩子能够先说出自己的观点，那么听起来就不费力了。

5岁的豆丁从动物园回来很兴奋，叽叽喳喳地对姥姥说："姥

姥，我今天去动物园了，动物园里有大象，还有猴子，猴子屁股是红色的，还有狮子，狮子在睡觉。"姥姥笑眯眯地说："哇，看到了这么多动物呀，还有吗？"豆丁赶忙说："还有啊，还有一只大熊猫，我最喜欢大熊猫了。"姥姥说："为什么呀？"豆丁说："因为大熊猫好可爱。"

豆丁说了这么多，最后奶奶才明白，豆丁最喜欢的动物是大熊猫。

所以，如果豆丁在一开始就亮出观点，表达就会清晰很多。比如像这样："姥姥，今天去动物园了，看到好多动物，我最喜欢大熊猫，因为大熊猫好可爱，还看到大象、猴子、狮子了呢。"这样表达就清晰多了。当孩子能通过结论先行的方式来表达想法，孩子的表达就会更容易被别人理解。

我们需要在日常生活中，根据具体情境和内容，随时随地引导孩子。在引导中，需要帮助孩子深入理解事物之间的因果关系。比如孩子说"我喜欢踢球"，我们可以引导孩子进一步说说为什么喜欢踢球，比如"踢球带来的感觉很好"。虽然很简短，但已经是一个有效的表达了。

豆豆4岁了，平时很喜欢问为什么，对任何事情都充满好奇。有一天晚上豆豆和妈妈一起吃葡萄，吃了几颗后，豆豆告诉妈妈："妈妈我吃的都是没有籽的。"妈妈说："我吃的都是有籽的呢。"

她自信地从碗里挑了一颗圆圆的葡萄告诉妈妈："妈妈这个没有籽。"妈妈吃了，真的没有籽。妈妈问："你怎么判断葡萄有籽没有籽呢？"豆豆说："我在幼儿园吃葡萄时慢慢知道的。我喜欢吃圆圆的葡萄，因为圆圆的葡萄没有籽，不圆的有籽。"

后来又吃了很多葡萄，豆豆发现原来圆圆的葡萄也有籽，很失望。妈妈看到豆豆一脸失落的样子，赶忙鼓励豆豆："豆豆说得很棒，不仅跟妈妈说了自己的想法，还跟妈妈说了原因，这样的表达妈妈很喜欢。"豆豆一听立马眉开眼笑，以后说话就喜欢说"因为……"。

在孩子的表述中，我们尽量让孩子给出具体的细节，比如看到、听到、感受到的细节，让论证的部分更充实。

练习工具

红笔和蓝笔

在实战中，我们还是要通过阅读来帮助孩子一步步学习如何分辨事实和观点。

对于幼儿园和小学低年级的孩子，我们引导他们把是观点的句子画上红线，是事实的句子画上蓝线。

对于小学高年级的孩子，我们可以让他尝试根据画红线和蓝线的句子来说说自己的想法，其实也是表达观点的一种方式。

初中或者高中的孩子可以用组织流程图，画出观点和事实之间的联系。比如，作者说出一个观点，会有两到三个事实去支撑观点。还可以在新闻媒体上阅读文章，寻找作者的观点以及支撑其观点的事实。

学会区别事实与观点，学会使用事实去说明观点，能够帮助孩子形成自己的主见，敢于发出不同的声音。《一岁就上常青藤》里提到："常青藤原则培养的是说话的孩子，而不是听讲的孩子。孩子要在表达自己的过程中，加深对世界的认识。"

第六章

培养孩子的演说风格

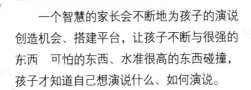

　　一个智慧的家长会不断地为孩子的演说创造机会、搭建平台，让孩子不断与很强的东西、可怕的东西、水准很高的东西碰撞，孩子才知道自己想演说什么、如何演说。

第 1 节

如何通过信念感，让孩子爱上演说

> 让你的智慧保持炽热，让你的泪水保持闪耀，那么，你的生命就会日新又新。不要介意像小孩般爱哭。
>
> ——鲁米

① 信念：先看见，再成为

不知道你有没有这样的烦恼：孩子不爱演说怎么办？

我告诉你一个真实的故事，或许在其中，你就能够找到答案。

我的好朋友Liliane，《亲子沟通密码》的作者，擅长演说，很遗憾的是，她的这个优势，并没有遗传给她的女儿童童。

童童是个对演说不感兴趣的小姑娘。但是，Liliane并不着急，因为她在等待时机，激发孩子主动要求学习演说。

机会来了，Liliane新书上市，她趁在做全国巡回签售之机，邀请童童来参加她的演说。

记得Liliane告诉我说：

"在我演说完之后，很多妈妈哭了，并且上台来拥抱我，我女儿也和妈妈们一起过来，给我了一个深深的拥抱，看来，她被我打动了。

"回家之后，我问我女儿：'在演讲过程中，哪个点给你的触动最大？'

"她说，妈妈，当时，你问了大家一个问题：'各位妈妈，对于改变，你们是想要，还是一定要？'

"所以，当时我也在思考，对演说这件事情，我是想要学习，还是一定要学习？现在我决定了，我一定要学习！"

后来，童童跟着Liliane去了各大演说场合，和妈妈一起去分析对方演说的优点、弱势、逻辑、架构、故事和表达特质，甚至小试牛刀，参加了演说比赛。

你看，一个不爱演说的孩子，也可以跟随着内心的火焰，登上演说的舞台。这是为什么呢？

信念感！

这是我们在演说中的信念感。

当孩子看着妈妈通过演说影响和帮助更多人的时候，她也想成为像妈妈一样有力量的人。

美国著名心理学家阿尔伯特·艾利斯提出的ABC理论认为，我们对外界问题（A）会做出何种反应（C），本质上不取决于我们遇到的问题（A），而是取决于我们的信念、看法和解释（B）。

A（Activating events）

B（Beliefs）

C（Consequences）

诱发刺激（A）—信念反应（B）—行动结果（C）

在演说中，我们首先要引导孩子要先看见想成为的画面（Ａ），越具体越好。当孩子看见那个画面之后，去感受去体验，然后孩子很自然地就会想成为画面中的样子（Ｂ），从而爱上演说（Ｃ）。

所以，如果父母有时间，也可以带孩子到现场去感受、去体验，如果因为工作忙或者是其他原因去不了，也可以让孩子去想象那个他想成为的样子，越具体越好。

而且，思想先于具体的事物。

《情绪的惊人力量》说到："万物的创造总是先有思想，你周遭所看到的一切之前都是一个想法或念头。"

当孩子在想象中先看见他想成为的样子，他会在生活中不断产生更新更好的愿望，内心世界也在持续跟着扩展。

问题来了，如果孩子之前没有看见过他想成为的那种人是什么样的生活方式、什么样的状态和能量，他是没有办法空想出他想成为的样子的。

② 看见牛人

观众点击量超过300万次的美国9岁孩子罗根·拉普兰特的演说，讲述了通过她的想象看见她想成为的人。

罗根·拉普兰特在TED上做了"用Hacker思维学习"的演说，她说因为看见极限滑雪者Shane McConkey的滑雪方式非常令人惊骇，比如猫跳滑雪、极限滑雪、定点跳伞，她也想用这种方式来学习和生活。她通过社区活动，学会如何在险境中提高警觉和处理紧急事故；在野外求生课上，学习制作矛与弓箭、钻木取火以及动手搭帐篷；在大白鲨印刷厂锻炼设计和销售能力。

我们叹服罗根的学习的精彩，只有罗根知道她曾经看见过高段位的精彩。她在演说时绽放的自信和能量也源于此。这种自信是从心出发，尽情看见并体验后的自然流露。

问题是我们如何帮助孩子，去看见他们想要成为的样子呢？

这个秘诀就是发展你生活中的重要关系。生活当中总会有一些贵人，他们的视野、领域、能量，或给你的关键指导让你变得更有能量。我们需要思考这些人的生活方式是否可能让孩子感兴趣，然后有意识地和贵人们在家庭生活上有更多的交际。

美国成功学的创始人吉姆·罗恩曾说过一句著名的话："你是与你相处时间最多的5个人的平均值。""五人定律"慢慢延伸为你的财富是你身边最近5个人的平均值，你的智慧是你身边最近5个人的平均值，你的性格、爱好、价值观、审美会和最亲密的5个人越来越像。

那么接下来你需要圈出最重要、你最欣赏、最希望成为的5个人，重点带着孩子和他们发展关系。我们甚至可以分领域去发展，列出重要关系清单：

家庭身份的你，最想来往的5个亲友是谁？

社会身份的你，最想结交的5个业内同行是谁？

自我的你，最想学习的5个人是谁？

带着孩子一起和对你重要的5个人发展关系，可以带着孩子去上重要人士的课；带孩子和重要人士约见聊天，让孩子参与提问，互相交流感受。带着孩子不断和很厉害的人碰撞交流，这样孩子就会有很多触动，想要表达，有内容想要分享，有话要说。

我的朋友苗老师就是这样做的，她带着儿子去上了许晋杭老师的演说课程。课上，儿子积极回应晋杭老师，在气氛热烈的时候，他甚至还站在凳子上为妈妈的演说加油助威，课后也一直对晋杭老师的金句念念不忘。

上完课回到家里，儿子有一次突然问妈妈："妈妈，你的梦想是什么？"苗老师特别触动。

过年期间苗老师开了家庭会议，儿子聊着聊着就说到想成为像晋杭老师那样的人，于是决定一起和妈妈演说打卡。更幸福的是，爸爸也加入演说的队伍当中。现在是一家三口，儿子给爸爸演说打卡，爸爸给妈妈演说打卡，妈妈给晋杭老师演说打卡，每个人都会监督另一个人，形成一个良性循环。

如今一家人每天凌晨4点多起来跑步，跑到空旷的地方停下来，3个人轮流演说打卡，打完卡后把视频发到群里，振奋和激励群里的伙伴们。

正是苗老师的孩子先看见晋杭老师在讲台上能量满满、幽默风趣的样子，才会想要成为晋杭老师的样子。先看见，再成为，能唤醒每一个孩子内心对演说的渴望。

3 多渠道多感官体验

同时，在家里我们也可以通过阅读或看演讲视频来让孩子看到他想成为的样子，给大家推荐几个微信公众号和网站：

微信公众号：

① 小花生：公众号里有孩子的阅读记录，分龄化的必读书单为孩子推荐各种好书。

② 少年商学院：公众号里有世界名校通识课和全球最好的素质教育项目，通过线上直播与线下实践相结合的方式，带给中国中小学生孩子们的故事和做事方式，会给孩子新的启发。

③ 凯叔讲故事：公众号里有很多童话、寓言、历史、科普等优质好故事，也是孩子演说的素材。

网站：

① www.ted.com：Ted演讲的宗旨是"借思想之力，改变世界"，召集全球各领域的专家学者用演讲的形式分享有价值的观点。

② www.yixi.com：一席演讲鼓励分享"见解、体验和未来的想象"，是现场演说和网络视频结合的平台，也是非常好的演说平台。

③ 《开讲啦》：是中国青年电视公开课，邀请"中国青年心中的榜样"作为演讲嘉宾，分享对于生命和生活的感悟，相信能给孩子带来更高层次的思考和心灵的滋养。

④ 《超级演说家》：是一档语言竞技真人秀节目，以"挑选中国最会说话的人"为目的，让孩子感受到说话的魅力和重要性。

每看完一个视频或一篇文章，我们可以和孩子聊聊，他最喜欢

什么，又收获了什么，这些高手的人生教会了我们什么，彼此交流
下意见。

在家练习的方式也要多样化，比如一面镜子也可以让孩子"看
见"，看见那个高段位的自己。

练习工具 ›

看见自己，对魔镜说

演说其实是一条自我实现的路，在这条路上，孩子一定会有各
种各样的情绪，比如说不耐烦、焦虑、有压力。

正是因为有这些负面情绪的存在，所以我们每天需要带孩子去
练习快乐，练习喜悦，练习丰盛，练习平静，练习幸福。怎么做
呢？我们和孩子一起站在镜子面前，告诉他这是有宇宙吸引力的魔
镜，可以吸引一切想到的事情来到身边。

用这样的语言开始："现在让我们平静下来，用鼻子慢慢吸
气，用嘴巴轻轻吐气，我们给自己一个微笑，想象自己5年后、10
年后，你成为一个超级演说家，站在万人瞩目的舞台上，聚光灯缓
缓照到你的脸上、眼睛上、眉毛上，所有人的目光都聚在你身上，
这一刻你无比闪耀和自豪。"

让孩子看见高段位的自己，会让孩子更有掌控感，获得自己想
要的人生。不断练习孩子的"看见"，慢慢地他会发现内在那个金

光闪闪的自己。

什么时间做呢？给大家3个时间秘诀。

（1）高峰时刻

高峰时刻的练习，就是让孩子在每次考试进步了，或者是受到表扬了，或者是对别人有帮助，或者是获得某项荣誉的时候，站在镜子面前，看见他这个时候的样子，让他说一说这个时候的自己是什么样子，他感受到了什么。

在不断感受的联想中，会激起他对自我价值更多的探索欲望。

（2）低谷时刻

孩子在低谷时刻更需要"看见"，看见在低谷中的自己。告诉孩子，人生有高峰必然会有低谷，而且低谷很多。我们需要在低谷时刻积聚力量；告诉孩子，看过高山也看过低谷，并且坚持努力的人，才能够真正获得自我实现。

（3）仪式感时刻

平时我们就需要多带孩子体验"看见"，在镜子面前，我们让孩子穿上最喜欢的服装，放上梦想版音乐，或者是孩子喜欢的音乐，让孩子看见镜子里的自己充满仪式感，孩子会很喜欢这样闪亮的自己。

电影《阿凡达》中，男女主角常说这样一句话："I see you。"
我看见你了。而看见，就是爱。

先看见，再成为。关系中的"看见"，就是爱的力量。让孩子
看见过高段位的牛人，也看得见高段位的自己。

我们带着孩子先看见他想成为的样子，唤醒孩子内心的热爱。
这一路上，你会发现热爱演说的结果只是孩子意外收获的礼物。

第2节

优秀的演说家从 "show and tell" 开始

> 这个世界的伟大之处，不在于我们的现状，而在于我们如何选择前进的方向。
>
> ——美国法学家奥利弗·温德尔·霍姆斯

有一段时间，美国总统候选人辩论开战。这场90分钟的辩论估计吸引了超过1亿人观看，我们情不自禁感叹美国人对自己观点的陈述是如此自信，无论是演说还是辩论，在众目睽睽下的表达有理有据，思路敏捷清晰。我在敬佩的同时，也去探究美国基础教育的模式。在北美教育中，从幼儿园开始，老师就用 "show and tell"（展示并表达）的方式训练孩子的演说能力。

什么是 "show and tell"？简单来说，就是老师让孩子带来一个物品，让孩子当场展示给别的小朋友，并且解说相关故事。

为什么从小就要有意识地训练孩子的演说能力？演说的本质就是输出，如果孩子思路清晰，演说能力强，那么孩子以后在人际关系上就会如鱼得水。

如果孩子在公众场合别别扭扭不敢说话，或者说了一堆，却不知道真正想说什么，有时又前言不搭后语，说话没有逻辑性，那你就可以从 "show and tell" 开始，帮助孩子提高演说能力。

① 从基础框架迅速切入，让孩子找到演说的逻辑

在美国幼儿园和小学低年级阶段，老师会经常强调一个这样的表达框架：观点+原因。在最初的阶段，老师会花费很多时间让孩子区别观点与事实，用海报、墙贴、游戏让孩子明白观点就是一个人对一件事的感受和想法。

为了让孩子更容易接受，老师会经常用一些固定句式让孩子学会套用。

比如："我觉得……"

"我认为……"

"在我看来……是最好的。"

"两者之中，我更喜欢……"

当孩子使用这样的句式多了，便开始明白哪些事情可以表达观点。这时，老师会花更多时间做另一件事：让孩子明白观点是需要原因去证实的。

如何让孩子去思考原因呢？其实就是平时多问孩子为什么。比如，"为什么要挑选这个？""为什么有这样的想法？""为什么觉得这个好玩"等。深究"为什么"是让孩子更加深刻地认识自己的需求，对自己有更多认识的孩子会梳理和判断各种信息的优先顺序。

一个美国幼儿园的孩子这样表达："我认为小猫是世界上最好的宠物，因为它会睡在你腿上，很好玩，还能爬树。""观点+原因"这个表达很简单，孩子很容易掌握，而且孩子的表达结构是有逻辑的。

有的时候会遇到孩子想不出来原因的情况，怎么办？不要逼孩子，而是要思考家长平时这样的表达方式是不是足够多，是不是还没有习惯去思考原因。别着急，给孩子一点时间，慢慢来。你可能就经历过球球妈妈的体验：

球球妈妈带4岁的球球在外面吃饭。

妈妈："你看看菜单，你选什么菜？"

球球："我不知道选什么菜。"

妈妈："那你再看看。"

球球："选这个。"

妈妈："为什么选这个？"

球球："我不知道为什么。"

这可能是孩子最真实的表达，一开始孩子真不知道自己该说什么。这是孩子必然会走过的一段路，不要着急，慢慢引导。有时候你越想要孩子这样去说，孩子就越排斥。所以我们先自己大量地说这样的句式，句式是一种框架，说得多了，无形之中会影响孩子的表达。

2 进阶: 演说就是讲故事

有什么更好的方式来介绍物品呢？答案就是讲故事。故事可以让孩子走出当下，展望未来，甚至可以帮助孩子应对那些突如其来或者是未知的事情。

丹尼尔·平克曾这样说："讲故事将会成为21世纪最应具备的基本技能之一。"既然讲故事的方式很好，具体怎么做呢？给大家分享3种方式：

（1）具象，提升孩子演说的画面感

不要泛泛去说，引导孩子给出具体的细节描述，在孩子词汇量贫乏的时候，让孩子使用颜色、数字、形状等慢慢尝试。细节的描述多，听众的脑中就会有画面，容易对孩子说的内容产生共鸣。

比如："今天我带来的是一只小猫。"这句话没有任何画面感，如果孩子这么说："今天我带来的是一只小猫，它眼睛像是深邃的湖水，特别迷人。小猫不大，半岁左右，特别可爱。开心的时候，不时地用它的舌头舔它的小爪子，好像很享受。"这样的描述顿时就有了画面感，有助于听者发挥想象。

如果希望孩子的演说具有画面感，需要用好3类词：动词+形容词+量词。

动词是用行动把人物和东西串起来，让别人知道事情发生的先后顺序。动词例子："开心的时候，不时地用它的舌头舔它的小爪子，好像很享受。"

形容词是描述个人行动的感受、事情的分寸与变化。形容词例子："今天我带来的是一只小猫，它眼睛像是深邃的湖水，特别迷人。"

量词能让观众在大脑中呈现事物的轮廓。量词例子："小猫不大，半岁左右，特别可爱。"这3种词汇都是对人物或者环境的一些关键性描写，就像一个特写镜头拍到事物原本清晰的模样。

让孩子学会描述和讲解，加了这3类词后，孩子的语言就会有画面感，想象和表达能力都会提升，这比单词记忆和背诵更有利于孩子的成长。

（2）留下悬念，吊足胃口再继续

除了具象，还有什么方法让孩子讲故事更有吸引力呢？刚开始，孩子一上台进行"show and tell"时，会不知道说什么，说完自己带的东西就结束了，接下来只能在老师和同学的提问中，干巴巴地你问我答。

要避免这种情况，我们就要教会孩子一个秘诀：留下悬念，在表达中留下钩子，吸引大家往下听。我们看看新加坡幼儿园的Joy小朋友是怎么介绍小弹球的。

Joy一上来先给大家做了一个演示："看，你们能想象这个小球会弹多高吗？"看到球能弹到屋顶，孩子们都激动不已，Joy又问："你们知道我从哪儿拿到这个小球的吗？"一下把大家的胃口都吊起来了，Joy再不紧不慢地开始介绍这个小球的来龙去脉。

悬念像是一个钩子，钩住大家对展示物品的兴趣，让大家听得更专注。

（3）设置困境的三种方式

孩子的故事里如果主人公一切都顺利，听众会感到无味，认为故事太平淡。只有让主人公不时处在困境中，故事层次才会更饱满。如何在故事中设置困境呢？

第一：限制时间

故事中的人物必须在规定的最后期限前完成任务，故事的风险就会更高。比如女孩喜欢听的《灰姑娘》就必须在12点前回家。

我们要引导孩子在介绍物品的时候加入时间的概念，用限制时间的方式。还用新加坡小男孩Joy讲弹球的例子，比如可以这样说："我很喜欢玩弹球，可是妈妈只能让我在写完作业后才能玩弹球，每次写作业的时候我都恨不得一下就写完，这样我就可以玩我心爱的弹球了。"

第二：限制空间

故事中主人公必须在特定的物理、关系或情感空间中完成自己的目标时，冲突也会出现。《侏罗纪世界2》中的欧义和克莱尔，他们的任务是拯救一个小岛上剩余的恐龙，以免火山摧毁岛上的一切，小岛就是冲突的关键。

我们还用弹球的例子说明用限制空间的方式来设置冲突，比如可以这样说："玩弹球，一不小心就滚到床底下去了，可是床下好黑，我手又够不到，小朋友们，如果是你该怎么办呢？"

第三：限制角色的选择

第三种就是让故事中的角色逐渐被困住，使听众越来越紧张。许多故事都是从主人公拥有无限的选择开始的，随着故事的推进，慢慢把选择一个一个排除。比如在《爷爷一定有办法》这一绘本中，爷爷给约瑟的毯子越来越小，小读者总担心约瑟用不了毯子。这就是选择越来越少的冲突。

比如弹球的例子，用限制角色的选择来设置冲突，可以这样说："我正在楼下一个人玩弹球的时候，调皮鬼闹闹一下子冲过来把我的弹球抢走了，气死我了！"本来自己玩，现在却不能玩，这个冲突一下子就把孩子们代入情景中，感受主人公的难过。

练习工具 ›

用一个箭头游戏，教会孩子设置故事的冲突

冲突是故事的灵魂。如果孩子在故事的冲突上多做文章，那么他的演说的魅力会放大百倍。任何技巧都是要刻意练习的，介绍物品的主题训练我们就可以先用起来。

在孩子演说群的打卡中，我也经常发现很多孩子介绍自己的生活用品。比如东东就介绍了自己的美国队长行李箱，介绍的时候看着他把行李箱拖过来摆过去的样子，就知道他很喜欢这个行李箱。

他是这样介绍行李箱的："我来给大家介绍一下这个行李箱的构造，它是由4个轮子、4个防撞的塑料护角、拉手、拉链、提手来构成的。有人问我行李箱最多的材料是什么？是里面蓝色的裁布。我来打开给大家看一下。"

第六章
培养孩子的演说风格

如果我们用说故事的方式让东东介绍物品就更有趣了。游戏分为三步：

第一步，请孩子描述一下他是如何得到行李箱的。

第二步，给孩子一个话筒，告诉孩子这是魔法话筒。当拥有魔法话筒的时候，我们的故事就开始变身，故事就会越来越有趣。

第三步，玩箭头游戏。我们可以用这样的话术来开始："亲爱的故事魔法师，接下来，一起感受你的魔法故事时刻。"

接下来就可以一起来完成箭头游戏。

我有一个美国队长行李箱	限制时间	我很想每天都带着它出去玩，可是妈妈说只能去旅行的时候带着它。
我有一个美国队长行李箱	限制空间	每次出去玩的时候，我都想带上我的书、水枪、积木、小汽车，可是箱子太小了，装不下怎么办呢？
我有一个美国队长行李箱	限制角色选择	爸爸上次没有经过我同意，就把它借给他同事的孩子了，我很生气，一天都没和他说话。

刚开始的时候我们可以带着孩子一起玩，慢慢过渡到我们说箭头游戏，孩子就会自己知道故事的三种变身方式。

练习得多了，孩子演说就成了在讲故事。当孩子投入一个个有冲突的故事中时，我们也会跟随着孩子经历内心的变化，体会到他对世界的洞察。也许他的人生比我们更精彩，因为他的输出不是道理，而是用讲故事的方式，将意义直接注入自己的信仰体系，不会直接告诉我们什么是对的，而是通过故事让我们去感受。

艺术，让孩子的语言开出色彩斑斓的花朵

> "这就是我"的欢呼就是艺术作品的最高境界。
> ——威廉·德雷谢维奇《优秀的绵羊》

❶ 让孩子与世界交流更有力量都是怎么做的

艺术的力量，如英国诗人雪莱所言，会让我们的灵魂惊醒过来。艺术，让一个普通的孩子，一下子拥有一个自由叙述的途径，可以无拘无束地进行心灵的秘密对话，甚至先于语言。

通过艺术，孩子更了解自己，因为孩子从艺术作品中看到了自己，这种体验就是弗洛伊德所讲的"既陌生又熟悉的感觉"，孩子会发现另一个自己。这就是艺术的魅力，它带孩子去了远方，在去远方的途中不断认识自己、发现自己、成为自己。充分体验过艺术的孩子内心更丰盈，语言会带有自己真实的感悟，因此更能打动别人。

航航是一个3岁小男孩，活泼好动，想法特别，他的艺术作品很有意思。比如别的孩子喜欢画苹果、小鸟、小花，他喜欢画垃圾

桶、下水道、马桶。有一次在"我爱曲奇饼干"主题的艺术课上，老师提供了很多种颜色的黏土让孩子们创作一个圆形的曲奇饼干。

有的孩子用黏土创作了一个蛋糕，有的孩子创作了一个太阳，航航创作了一个鸟巢！因为他刚开始不愿意做饼干，不情愿地把画笔在黏土上戳戳戳，戳出很多洞，然后把所有的颜色混合到了一起使劲搅，变成了黑灰色，他告诉妈妈他做的是鸟巢。

航航妈妈一看脸色立马变了，但坐在航航身边忍住没说什么。下课后航航妈妈第一个跑过去问老师："为什么其他孩子做的好漂亮，航航做的这么丑？不是要求做饼干吗，孩子怎么做了个鸟巢？"

老师说："艺术创作在于过程的体验，结果是什么并不重要。艺术课是鼓励孩子有不同的表达方式，航航做出鸟巢就是很好的创意。"同时，老师也询问航航在家妈妈的教育情况，发现航航很多事情都非要按照自己的想法来不可，而妈妈处理的方式有些强硬，有时不理航航，有时如果航航不听，妈妈就强制航航执行。

老师从航航的创作中感受到孩子对妈妈的敌意，因为航航没办法很好地表达自己，所以通过艺术来发泄情绪。比如他创作的时候很用劲地戳黏土，混颜色的时候混的速度很快，不停地涂来涂去，好像很烦躁的样子。

老师说："航航的艺术作品告诉家长孩子的心里在想些什么，孩子的颜色涂得又快又乱，可以看出孩子不喜欢现在的感受。妈妈控制孩子太多了，加上孩子不能很好地表达自己，所以会有叛逆的情绪。而且越压迫，航航反抗就越大。"

航航妈妈愣住了，缓了半天才说："唉，孩子爸爸上班太忙没时间管孩子，平时就我一个人带孩子，这孩子太淘气，我脾气不好，一急就来硬的，看来是要改改。"

老师说："叛逆期都会有个过程，家长也别着急，一点一点来，下次孩子无论画什么，你都要试着接纳，因为孩子是在表达自己的想法。"航航妈妈连忙说："好好，我鼓励孩子，谢谢老师了。"

在之后的艺术课上，通过航航用笔的速度看得出来航航变得更有耐心，也比以前专注些了，还主动跟妈妈说自己的想法："看，我这次创作的是星球，是不是很有趣？"

艺术让我们看到孩子的内心世界，孩子通过艺术告诉我们：他们是谁，他们感受到的世界，以及生命中最重要的人是谁。

比如孩子画"我的家"，每个孩子都画得不一样。有的孩子会把妈妈画得很大，有的孩子会把妈妈画得很小，有的孩子会把自己画得特别特别小，把家人画得特别特别大，有的孩子会把自己和家长的这个位置画得很开，其实孩子的每一种表现方式都能表现出孩子内心对着家庭的感受。

孩子在艺术的世界浸润，艺术也提供给孩子更宽容、更开放、更放松的角度去表达，孩子也借着艺术的途径，认识自己的不同，表达自己的独特。哲学家罗素曾这样说："须知参差多态，乃是幸福的本源。"

曾经有个小男孩画了一个黑色的太阳，孩子妈妈一看就很生气："太阳怎么会是黑色的呢？你脑子在想什么！太阳是红色的，是黄色的，是金色的！"小男孩说："我用眼睛看太阳，每次都是看到一个黑点，我看到的太阳就是黑色的。"

有细腻的表达，孩子们才是真正地"看见"世界、感受世界、探索世界。这恰恰是演说的基本功。孩子的观察能力越敏锐越细致，孩子的语言里就越会带着画面，一出口就像一幅画、一首诗。

没有接触过艺术的孩子看到一杯水，可能想到自己是不是想喝水，目光一扫而过。但是接触过艺术的孩子会感受更多的是细节：比如杯子在盛水时的颜色，杯身上的指印，水面的光泽，以及杯子所投射的半透明的影子等。

我们该如何让孩子通过感受艺术，来增强表达能力呢？

② 让孩子学会表达自己，艺术自有妙招

艺术帮助孩子捕捉住感觉，这种感觉让孩子想要尝试表达自己的想法。

孩子刚开始在纸上只是随意地涂鸦，无目的，无次序，完全处于最初的感知状态。孩子还不知道自己去控制什么，想要表达什么。涂鸦对孩子来说，是一种"跟随"，跟随着孩子的冲动、轨迹或情绪，涂鸦是一种快感，它释放孩子内心能够表达的幸福。

沫沫妈妈从沫沫20个月开始就带她上亲子艺术课。沫沫不爱说话，也不爱笑，刚开始上课的时候，老师跟她打招呼，她就往妈妈怀里躲，课上从来不主动回答问题。

沫沫上课听得很专注，沫沫妈妈也会不停地跟着老师重复课程的艺术词汇，就这样沫沫妈妈带沫沫上了大半年的艺术课，沫沫的表达的变化好像从某一天就开始了，她的话也越来越多。

有一天，沫沫在家里拿妈妈的化妆刷在纸上刷来刷去，说是"彩虹"。

有一天，妈妈带沫沫去喝咖啡，沫沫说"螺旋状"。

有一天，妈妈带沫沫逛商场，沫沫看到外面的建筑说："妈妈，这是雕塑。"

有一天，艺术课上沫沫说："妈妈，你不要动手，我自己来。"

有一天，沫沫敢在孩子面前分享作品了，说："今天学习的是三原色"。

沫沫从一个不爱说话的孩子到后来非常有主见地表达自己的想法，这中间发生了什么？艺术体验帮助沫沫捕捉到了感觉，让她想要表达自己的想法，从而打开了她的内心世界。

对颜色探索很充分的孩子，在描述事物的时候，他表达的色彩感会更细致、更敏锐、更有画面感。

所以，我们要让孩子在涂鸦的初期，反复体验色彩带来的感受。

孩子会想要多一点红色，再多一点黄色，在不断的探索颜色中，会发现颜色里竟然会有无限的可能性。孩子会发现：

一种颜色的干湿不同，色彩饱和度不同。

同一种颜色，调上不同量的白色，色彩明度不同。

同一种颜色，调上不同量的灰色，色彩亮度不同。

当孩子对色彩探索得多了，慢慢就会形成对色彩的感觉。2岁2个月的一樊刚开始上艺术课的时候，喜欢把颜色都混在一起，不管妈妈怎么提醒，一樊坚持要把颜色混在一起，用画笔不停地搅和颜色，有时候纸都给搅烂了。一樊妈妈看到孩子这么爱混合颜色，也就随孩子去了。

有一天，一樊不混色了，他在颜色的用笔上有很多独到的想法。

一樊说："老师，加一点黄色会更好看。"

一樊说："老师，这个颜色设计得对称很好看。"

一樊说："老师，我设计的是两个对称的红点。"

一樊说："老师，我想用小一点的画笔。"

当孩子表达自己的想法时，老师眼里闪着光地看着她，不住地对孩子的想法表示肯定和赞叹。一樊发现可以自己做决定，也能看到自己的想法变成纸上的效果，这个过程增加了他的自我效能感，不断激发他创作的热情和表达的欲望。

当孩子的想法与众不同，他的表达就会有吸引力，而且会很享受这种表达的乐趣。

在孩子的艺术创作过程中，我们得坚持三不原则——不打扰、不干涉、不替代，才能让孩子在艺术创作过程中自由地表达自己，感受艺术带来的成就感。如果我们干涉得太多，一看孩子画得不合自己的心意，就要去引导去替代画上几笔，孩子画画的兴致立马就会被打断。

FFC 法则回应孩子的艺术表达

不知道大家有没有这样的感受，觉得自己没有经过艺术训练，不知道怎么回应孩子的艺术表达，只会说"画得真好看，画得真美，画得真棒"。

如何回应孩子的艺术作品，让孩子源源不断地表达呢？接下来就跟大家分享一个FFC法则，它可以鼓励孩子在艺术里探索得更多，表达得更多。

FFC法则：

第一个F：描述你的感觉（Feeling）

第二个F：描述你看到的事实（Fact）

第三个C：比较一下（Compare）

这个工具不仅可以鼓励孩子在艺术领域的探索，还可以用在鼓励孩子的方方面面。不信你来感受一下。

当孩子把他创作的星球给你看的时候，他告诉你说："妈妈你看我这次创作的星球是不是很有趣？"

你如果回答："嗯，是很有趣呢。"会显得很平淡，他也不知道怎么跟你聊下去。要怎么说孩子才能觉得受鼓励，想去创作更多、表达更多呢？

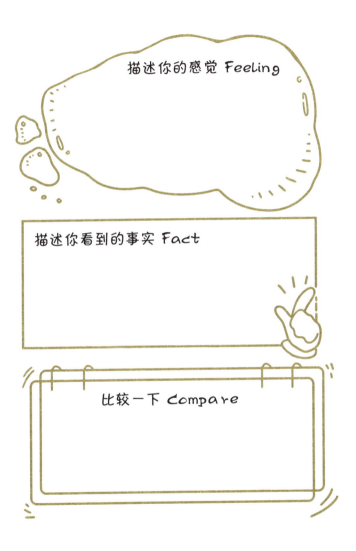

描述你的感觉 Feeling

描述你看到的事实 Fact

比较一下 Compare

我们使用FFC法则来感受一下：

先用第一个F，描述你的感觉，说："哇，我很喜欢你这个星球创作，感觉一下子就想去外太空。"

用第二个F描述你的事实，说："这个星球上还有一个太空飞船，飞船上画了一个窗户，窗户里面还有一个人，想象力很丰富呢！"

第三个用比较的方式，说："妈妈小的时候从来都没有画出过这么有趣的星球探索。你太棒了。"要注意比较是孩子和自己比，或者孩子和父母比，主要是为了烘托出孩子的成就感。

这样表达之后，孩子会觉得非常受鼓舞，感觉妈妈看见了自己的整个世界，能够感受他的感受，这样孩子更愿意分享不同，享受表达的乐趣。

在艺术领域浸润的孩子的思想就像河流，接受积极的、好的、丰富的东西越多，这些东西会冲击孩子思想的河床，河流会越来越宽，接着就会改变。艺术是风和雨露，是光和养分，而我们只是麦田的守望者，陪伴着孩子，见证孩子通过艺术，从敢于分享到热爱分享的过程中，活出自己喜欢的样子。

第4节

音乐：90%的妈妈都错过了这个演说启蒙方式

> 音乐是没有国界的语言。
>
> ——著名指挥大师 小泽征尔

1 聆听过丰富音乐的孩子，表达自带情绪魅力

当当妈妈因为当当写作文这事很头疼，当当每次写作文要写好久，半天才挤出一句话，而且近期当当学校要求写现场作文，就更憋不出来了。老师的作文评语也是"当当作文写得干巴巴的，缺乏想象力，要培养想象力"，当当妈妈就更着急了。

有一次放学接当当，当当妈妈正在想实在不行就给当当报个作文班，认为作文班可以提升想象力，就在当当妈妈琢磨来琢磨去的时候，她听到了老师当着众多家长表扬小宇想象力丰富，无论是写出的作文，还是跟班级同学的沟通上，既有丰富的情感又能够延伸很多角度。

当当妈妈赶紧问小宇妈妈是怎么培养小宇的想象力的，小宇妈妈扑哧一笑："我还真有独门秘笈。"当当妈妈身体下意识地朝小宇妈妈靠了靠："什么独门秘笈？我家孩子被老师说了几次缺乏想象

力，你是怎么培养的呢？我也学学。"小宇妈妈说："我很喜欢听音乐，就经常给小宇听各种音乐和歌曲，并且和他互动、想象、沟通，慢慢他对情绪、语言的把控能力就越来越好。"

当当妈傻眼了："用音乐培养孩子的想象力？还真没听说过。"小宇妈妈笑了："你没听过门德尔松那句名言吗，'在真正的音乐中，充满了一千种心灵的感受，比言词好得多'。"

小宇在音乐的熏陶之下，表达很有新意，身边的同学都特别喜欢和他聊天。音乐为什么有这么大的魔力呢？

研究表明，音乐可以强烈地激活大脑中跟加工情感相关的边缘系统，包括加工情绪的杏仁核，以及跟记忆相关的海马体。也就是说，音乐可以激活情绪和加深记忆，这对孩子的沟通表达是非常有帮助的。

更神奇的是，音乐中表达的情感是跨文化的，孩子即使不懂语言，也能听得懂歌里面的情绪，并能够跟自己的内心情感经验结合，有触动的时候就会有感而发。

音乐是语言的艺术，更是情绪的艺术，而情绪是一个人的底层操作系统。孩子学习的很多知识，都是理性的学习，免不了会遇到困难有想放弃的念头。但是真正驱动孩子的，是孩子的内在感受、他的情绪，那是他的底层操作系统。

知识的调用需要思考和时间，而情绪却是一瞬间的体验。当音乐给孩子带来丰富的情绪体验时，孩子才能更深刻地了解自己的底层操作系统，借由这种内在动力的驱使，孩子会不断拓展新的体验，自然他的表达就会像开了挂一样。

感受，就是孩子的内在学习动力在音乐的世界里徜徉，孩子的情感会既细腻又丰富，既浓烈又自然。

教钢琴的狮子老师带着盟盟开始练一首叫《悲叹》的曲子。狮子老师先弹了一次给盟盟听，曲调是小调，有着淡淡的哀伤。

狮子老师："弹完了，你感觉如何？"

盟盟："像郭靖想念黄蓉的感觉。"

狮子老师头一次听到这种武侠派的表达，感觉下巴都快掉下来了："啊？为什么？"

盟盟："郭靖找黄蓉找得很辛苦呢。老师，这首曲子的感觉很像他在思念她。"

盟盟喜欢看《射雕英雄传》，听到《悲叹》曲调中的哀伤，就联想到郭靖想念黄蓉也会是这种感觉。

正如哲学家黑格尔所说，"音乐是心情的艺术"，盟盟听过大量的音乐，对情绪的感受才可以如此细腻，所以她的描述自然让人过耳难忘。

有一群科学家就研究过这个问题，给被试者连上一些生理传感器，给他们听一些令人高度愉悦的音乐，通过生理传感器来看他们的反应。

结果就发现，被试者在体会到音乐高潮的时候，他们的皮肤电反应是增加的，心率和呼吸也会变快，但是体温和脉搏会下降。中科院心理学研究所研究员杜忆在文章里提到："在聆听这种高度愉悦的音乐的时候，大脑中还会做出很强烈的反应，它会激发听者的多巴胺奖赏机制。"

多巴胺奖励得越多，听者感受就越愉悦。如果把大脑比作森林，潜意识就像人们成年累月行走形成的小径。激活多巴胺奖赏机制的次数越多，这条小径也就越畅通，这条神经通路也会成为大脑森林中优先级非常靠前的反应道路，会让人下意识地做出相关行为。

所以当音乐带给孩子强烈感受时，孩子就会沉浸音乐里，想要探索感受背后的故事，未来在某个场景某个时刻孩子的感受被触发时，他的语言就会像山泉一样汩汩地向外冒。情绪记忆是经过体验的情绪和情感的记忆，即使经过漫长的时光之后，也会长期保留在人的记忆中，等待被激发时刻的到来。

孩子年纪越小，就越像海绵一样全盘吸收。诗人惠特曼曾说："有一个孩子每天向前走去，孩子最初看见的东西，孩子就变成那东西，那东西就变成了孩子的一部分。"

如果孩子从小听大量的音乐，音乐带来的情绪记忆就会一直激荡在孩子心中，比如莫扎特的《第十号C大调钢琴鸣奏曲，K.330》的乐观振奋，贝多芬的《第七号D大调钢琴鸣奏曲》的悲伤张力，舒伯特的《降B大调钢琴鸣奏曲，D.960》的温柔拂面，等等，等孩子长大再听到这些曲子的时候，那些深深浅浅音乐中的情绪会触发孩子更多的回忆，让孩子的表达更加诗意盎然。

有过丰富情绪体验的孩子在表达时会让感情自然流淌，当孩子描述河水的时候，他的脑海中就会浮现小约翰·施特劳斯的《蓝色多瑙河》的旋律，从宁静平稳到轩然大波、浪花四溅，孩子的语言和情绪就会自然地结合在一起，有节奏和情感地做出描述，这样的描述像画面、像诗歌，会不断撩拨观众的情绪，这才是感受过美好音乐的孩子表达的真正魅力。

更为宝贵的是，那些音乐曾经抚慰过孩子的心灵，而人性进化得很慢很慢，无论孩子向前走多远，那些久远的音符还会带孩子走过生命的坎坷和艰难，赋予孩子重新向前的力量。

② 三个锦囊，帮助孩子丰富表达

问题来了，我们如何借由音乐，帮助孩子更丰富地表达呢？我们介绍三个锦囊：

锦囊一：感受经典音乐的魅力

待孩子慢慢长大后，他会对感触深刻的音乐进行探究，为什么这首曲子会这样触动他？曲子在表达着什么？作曲家为什么能创作这么好的作品，都有着怎样的经历？

当孩子一层层深入后，发现原来所有不同的曲子背后的文化博大精深，这样的探索为孩子表达积累了素材，开阔了视野。哪些音乐会让孩子印象更深刻呢？答案是经典音乐。

经典音乐之所以称为经典，是因为它经过千锤百炼，有旺盛的生命力，千百年过去，物是人非，而经典音乐却能够流传千古。

说起经典音乐，很多爸爸妈妈会选择给孩子听莫扎特的音乐，这是因为他们了解"莫扎特效应"。1993年的一项实验，给一群大学生听莫扎特的K448《D大调双钢琴奏鸣曲》，结果发现他们在认知测试考试中取得了更好的成绩。于是很多爸爸妈妈在给孩子选择古典音乐的时候会优先选择莫扎特。为什么莫扎特如此神奇呢？

因为莫扎特的曲子浑然天成，旋律流畅，听上去心情很愉悦，能最大化地激发孩子的快乐情绪，而这种情绪更有利于认知和解决问题，因为孩子在感受好的时候才会做得更好。当孩子听到莫扎特的乐曲时，就很自然地看见生命中的光亮。

著名钢琴家郎朗在童年有一段时间的钢琴弹奏水平提高缓慢，慢到他的钢琴老师都忍受不了，将他赶出去，说"你不是学钢琴的料"。郎朗很受打击，对自己失去了信心，也中断了练琴，不再去指挥学校的合唱团。

有一天，学校的音乐老师问起，郎朗说："我的钢琴老师觉得我没有天分，不需要再学了。"音乐老师拿起莫扎特第十号钢琴鸣奏曲的乐谱，跟郎朗说："去弹慢板乐章给同学听。"

就是这首莫扎特的乐曲，让郎朗沉醉其中，确认了自己的内心是热爱音乐的，于是他听从内心的声音，重新拾回了对音乐的兴趣，才有后来在音乐上的成就。当孩子的思考逐渐深入的时候，会发现乐曲背后的故事一环套一环，这些故事带着孩子去感受乐曲背后的作家生平、时代背景、时代特色，等等，像是一只只缤纷起舞的蝴蝶，不断带领孩子飞入新的世界。而当孩子在和别人分享的时候，就可以旁征博引地带出一个个知识点，在沟通中纵横捭阖，表达得畅快淋漓。

锦囊二：多元化的音乐感知

著名指挥大师小泽征尔曾说"音乐是没有国界的语言"，为了丰富孩子的表达体验，我们要让孩子在不同国家的音乐文化中自由表达自己的感受。

可以是古典音乐，让孩子多听不同音乐大师的作品，比如莫扎特、肖邦、舒伯特的作品；或者给孩子听有异域风情的非洲音乐、拉丁美洲音乐；又或者是不同音乐风格的爵士乐、进行曲、摇篮曲，等等。聆听过多元音乐的孩子，会在不同场景中体会出不同的感受，听得多了，孩子表达的内容自然会更丰满。

比如肯尼亚音乐Jambo Bwana（《先生你好》）的节奏热情奔放，粗放的男生一唱一和，配上鲜明的节拍，一会儿奔放、一会儿慵懒的感觉，让孩子仿佛能看到草原上长颈鹿打架、狒狒捉虱子、大象漫步、狮子奔跑的样子，很多孩子听到这首歌都会情不自禁地跟着节奏摆动。

再比如拉丁音乐la mariposa（《蝴蝶》），在玻利维亚，每年2月的狂欢节人们都会跳这个叫Morenada的传统舞蹈，每个人都会像蝴蝶一样翩翩起舞。这首歌最有特色的是三拍的节奏及旋律上清脆的"拍—拍—拍"，重复多次，会让孩子期待每次三拍的节奏，孩子一听到三拍的节奏，就特别激动地拍拍拍。

一旦拍对了节奏，就会看到孩子脸上特别有成就感的神情。这些多元化的音乐传递给孩子难以言喻的体验，而正是这种难以言喻让孩子发自内心地想要表达，音乐就是这样有魔力的载体，让孩子在丰富的感受中自在地表达自己。

可以在网上查找Putumayo World Music公司的音乐专辑，比如African Playground、Carribean Playground、Latin Reggae等

上百种不同主题的专辑，Putumayo公司用音乐呈现不同国家的文化，创造出Putumayo式的欢乐节奏，非常适合孩子在音乐中用丰富的身体语言展现自己，甚至模仿里面的语言。

很多年前，当我还是教育培训机构的校长时，有一次到音乐课堂听课。那时老师播放的是夏威夷音乐的*Toad Song*（《青蛙之歌》），音乐刚一开始，孩子们听得就很入神，一脸专注。因为音乐开始的部分很多青蛙的声音此起彼伏，就像夏天炎热的傍晚整个池塘的青蛙在欢快地乱叫，加上中低音的男声不断重复单字"oma oma"，简直是魔音灌耳。

孩子们可喜欢了，听了一遍后，有的孩子就可以跟着一起唱"oma oma"，有的孩子学青蛙直接跳起来，得意地发出青蛙的声音"oma oma"，更逗的是有的孩子回家后跟奶奶说："青蛙不是呱呱叫，而是'oma oma'。"奶奶迷惑了："为什么呢？"孩子说"老师教的"，妈妈在一边赶紧说："上课放了首青蛙的歌，里面青蛙的声音是这样的。"

孩子听到妈妈这样说，现场就演了起来，边学青蛙跳，边"oma oma"地乱叫，奶奶看得也乐坏了："这音乐课还教孩子青蛙叫啊！"

看，像这样多元化的音乐就会传递给孩子不同的感受和情绪，有正面的自然也会有负面的，家长不是要让孩子控制情绪，而是让孩子有能力在经历欢乐、难过、焦虑各种情绪后，依然能够痛快地做自己，真实热烈地表达自己内心的感受和想法。

锦囊三：联想到具体形象

有的孩子在听《金蛇狂舞》时，想到"过年了，在放鞭炮"；有的孩子在听《十面埋伏》时，想到了"老虎在叫"；有的孩子听完《野蜂飞舞》后，"想到了妈妈，她在工作，很忙，忙到都没法吃饭"。

《幼儿园教师音乐技能》中提到："乐曲的音响在速度、强度、起伏、变化、连续等方面都具有运动的性质。"我们可以看出，孩子想到的很多形象都具有运动型结构，比如"叫的老虎"，"忙的妈妈"，"在放的鞭炮"，这与音乐中富有运动感的结构是有相似性的。所以孩子在感受不同风格的音乐作品时，经常会想到某种人或动物的动作行为。

我们和孩子一起聆听音乐、享受音乐、表达音乐，孩子也会潜移默化地爱在音乐中表达自己的想法和体会。当孩子回忆起这段家庭的音乐时光，歌曲的内容可能记不清了，但是这样的欢乐的情绪记忆会给孩子温暖，是他内心表达最坚实的力量。

练习工具 ▶

乐器演奏，让孩子感受情绪的艺术

在家里，我们可以怎么和孩子互动起来呢？

第一步：让孩子用动作或乐器来演绎，感受身体语言的魅力

先说说儿歌。在选择儿歌的时候有一些小技巧，找一些有着重复旋律、稳定节拍、简单歌词、对称结构的歌曲，孩子比较容易模仿和表达。

儿歌类，我们这样引导：

给孩子唱《小星星》，前两句"一闪一闪亮晶晶，满天都是小星星"与后两句的旋律和歌词是一样的，我们在前后两部分做相同的手指打开合上动作，比画"星星"，在中间两句做挥手的动作。

这样既能让孩子认真观察我们的动作聆听歌曲，也能帮助孩子理解歌曲的ABA结构，ABA结构就是首尾一致、中间不同的结构。

在以后听到类似结构的歌曲时，孩子会有熟悉的感觉，进而做出与结构相应的动作来表达。在相同部分的歌词和旋律做相同的动作，帮助孩子找到熟悉的感觉，慢慢地，孩子就想唱歌词。

为了丰富孩子肢体语言的表达，我们还可以加入乐器。非洲音乐和加勒比音乐里的打击乐器应用得很广泛，尤其是各种鼓的声音显得豪放又热情，我们可以买个小鼓或是沙锤，在家里带孩子一起跟着音乐打出固定节拍。固定节拍容易让孩子找到节奏，当孩子能够感受到节奏时，表达的欲望会更强烈。

第二步：让孩子学会用语言对应场景，准确表达需求

在与孩子相处的日常场景中，可以买腕铃，系在手腕上，找到合适的场景时，就可以又演又唱又摇铃，丰富语言和肢体的表达。

①接纳（Accpet）：找到孩子的需要，让孩子想要表达。

早上起床时、刷牙洗脸时、上幼儿园的路上、乘车时、洗手时、睡觉前，等等，看看哪个环节孩子最感兴趣，在不同的环节边摇腕铃边和孩子唱不同的歌曲。比如孩子喜欢洗手，我们就可以和孩子一起唱洗手的歌曲。

②倾听（Listen）：越会倾听和理解，孩子越能表达准确。

先听听孩子在洗手的时候经常说什么，重复孩子的关键字。比如，孩子："妈妈，你看我的肥皂泡泡。"我们可以重复孩子的关键字："是啊，好多的肥皂泡泡。"重复是非常有魔力的方式，会让孩子有想要继续往下说的欲望。

③鼓励（Encourage）：找对角度，孩子就会越说越爱说。

用提问延伸孩子的应用场景，及时鼓励："我们还有哪些地方会用到泡泡呢？"孩子："还有洗澡的时候。"继续延伸场景："是的，你想到了洗澡，真好。再想想，爸爸妈妈什么时候用到泡泡？"孩子："还有爸爸刮胡子的时候，也有好多泡泡。"我们及时鼓励："妈妈都没想到呢，你观察真仔细。"及时鼓励孩子的想法，会让孩子积极思考、踊跃表达。

④学习（Learn）：体验各种可能，点燃孩子内心表达的火焰。

用腕铃和孩子一起唱《洗手歌》。

"排好队，向前走，

做什么？去洗手。

小肥皂，抹抹手；

自来水，冲冲手；

小毛巾，擦擦手。

小手洗得真干净，

我们大家拍拍手。"

用这首歌代替你说："宝贝洗手要洗干净，手心洗一洗。"歌曲要比语言更容易被孩子接受，因为歌曲以整体的方式进行语言输入，而并非单个物体名称的辨认。

当歌曲"整体输入"以后，孩子开始将意义与声音关联，歌曲中的旋律也有助于孩子对语言的记忆。甚至连孩子最不爱收拾玩具的环节，你都可以这样来引导。比如要求孩子收拾玩具时，你挥挥手唱"byebye toys"，在熟悉的乐曲里，比直接的催促，孩子的抵触感明显变弱，一边收玩具一边说"byebye"。

孩子听着听着就想要模仿，既能积累词汇，又可以准确表达。如果场景歌曲体验得多了，就不是单纯的模仿，而是会有自己的想法在里面。当孩子随心而舞，能够自在地表达他对音乐的感受的时候，人生大舞台就会等着孩子演绎更多的精彩。

这一路走来最想感谢的是我的父亲。无论在什么时候，父亲的接纳是我内心最坚实的力量，无论写书还是创业，他总是鼓励我"你不要跟别人比，你就跟自己比"，这句简简单单的话，让我勇敢向前。

感谢我的先生，他是我写作生涯的引路人，当他发现我喜欢阅读的时候，就鼓励我在简书创作。有时候我发表微信公众号的文章时，他就默默在下面打赏，虽然话语不多，但这些支持的力量，就像满天的星辰，一抬头，就会看见很多闪烁的光。

感谢我的孩子。从怀孕那一天开始，3年以来，我每年阅读超过一百本书籍，因为他的存在，让我有着满满的动力。很多时候我们因为孩子做了什么而感谢，还有一种感谢是基于存在，即使孩子什么都不做，但是他在这里，本身就是一种价值。感谢他，让我成为更好的自己。

感谢秋叶大叔，我本来以为我写书可能要在3年或者是5年之后，但是秋叶大叔告诉我，他看到了我在语言敏感期上的研究，相信我一定能写好。在他的鼓励下，我才迈出了这一步。在写书的过程当中，大叔给我改稿，给出很多写作的角度和思路，拓宽了我的眼界，让我的写作技能也不断精进。真正的牛人，是让他身边的人变得很牛。

感谢我的老师许晋杭，写作是一场人生的修行，在我边创业、边照顾孩子、边写书的情况下，在我第一稿、第二稿、第三稿被推翻的情况下，我歇了有大半年没有动笔，失去信心看不到未来的方向，是晋杭老师从他的城市飞到了合肥来鼓励我，告诉我"2020年，你最重要的任务就是把书写出来"，老师的一句话，让我满血复活，帮助我将不可能变为可能，像老师说的那样"永远相信美好的事情即将发生"。

本书也写了很多妈妈的故事，还有案例是来自我曾经的学员家长，他们对孩子的爱也一直深深激励着我。

感恩身边这些温暖的力量。

希望这本书能够持续地帮助孩子在演说力上有更多的体验，也希望大家在运用的同时能提出建议，一起致力于帮助我们的孩子提升演说力，让孩子的演说力为未来赋能。